青春文庫

1日3分！

スクワットだけで美しくやせる

山口絵里加

青春出版社

はじめに――女性らしい、しなやかなボディメイクを自宅で

近年、健康意識の高まりから、フィットネスジムやトレーニングが大流行しています。「ジムに通いたい」と考えている方、あるいは「実際にチャレンジしてみたけど、長続きしなかった……」とちょっと後悔されている方、はたまた「今度こそ、続けるぞ！」と意気込んでいる方も多いのではないでしょうか。

もともと、トレーニングといえば筋肥大（筋肉を大きくしてたくましい体に）が目的のプログラムが主流でしたが、女性のなかには次のような希望を持つ方も多いです。

✦健康的な筋肉をつけたい
✦でも、筋肉太りはイヤだから、ほどほどがいい
✦同時に、脂肪も落として、やせたらいいな
✦そして女性らしい、しなやかなボディメイクがしたい

本書は、こうしたリクエストに応える一冊です。

くわしくは本編で紹介しますが、私が提唱するプログラムは、従来の筋トレとは手法や目的が異なり、筋肉を〝太く〟するためではなく〝細く〟〝美しく〟なりたいという願望をかなえるために考案されたものです。

また、短期間で効果が出るよう、本書でおこなうトレーニングは「スクワット」だけに限定しました。しかも1日たったの3分ですから、ジムに通ったりしなくても、自宅ですぐにおこなえます。用意していただきたいものは、

□たたみ1畳分くらいのスペース
□全身が映る鏡
□タイマー（スマートフォンのアプリでOK）

これだけです。日替わりで7種のスクワットを紹介しますので、飽きることなく続けていただけます。ぜひ、手軽に実践してみてください。

美しくやせる！　7つのスクワット

目次

1日3分！　スクワットだけで美しくやせる

1章

なぜ、スクワットだけで美しくやせることができるのか？

2章 1日3分！ 脚から体幹まで全身鍛える7つのスクワット

3章 体温上昇&脂肪燃焼&筋トレ効果アップがかなう! 美コア流食事法

4章 毎日のちょっとした習慣で、あなたはもっと美しくなる

イラストレーション…ボブa.k.aえんちゃん
本文デザイン………浦郷和美
本文DTP…………森の印刷屋
編集協力……………野田りえ

1章

なぜ、スクワットだけで美しくやせることができるのか？

短時間で絶大な効果！という好都合のエクササイズ

体を変えるには「土台」からアプローチを

「最近、ちょっと太ってきたな。そろそろ運動しなくちゃ」。そう考えている方は多いと思います。でも、ランニングやジム通いは、ちょっと大変。いざウェアを揃えても、忙しい毎日に流されて結局つづかない、なんてことはよくあります。

自宅で、しかも短時間でおこなえて、効果が出やすい。そんな都合のいい運動、あるわけない……？　いえ、あるのです。それが、**ひざを屈伸《くっしん》させて下半身の筋肉にアプローチする「スクワット」**です。

私は体幹（＝コア）トレーニングをベースに、美しく健康的な体づくりをおこなう「美コア」というメソッドを2014年に考案しました。体幹トレーニングというと

「胴体」を鍛えるイメージを持つかもしれませんが、美コアのプログラムでは、まず「下半身」から鍛えていきます。なぜなら、土台となる下半身の状態がよくないと、上半身もよくならないからです。脚のゆがみや筋力不足によって全身のゆがみが生じますし、脚の筋肉がつかないと、上半身の筋肉もなかなかつきにくいのです。

逆にいえば、**下半身を鍛えると上半身の筋肉もつき、下半身のゆがみが整えば、全身のゆがみも整う**ということです。

下半身を鍛えると、効率よくやせる

さらに、下半身を鍛えると、全身のダイエット効果もあります。

呼吸したり体温を保ったりといった、生命維持のために消費されるエネルギー＝基礎代謝量は、筋肉の量と比例します。

下半身には、全身の70％の筋肉が集まっていて、**とくに筋肉が大きいおしりや太ももまわりを鍛えることで、基礎代謝を効率よく上げる**ことができるのです。

基礎代謝量が上がれば、普通に生活するだけでもエネルギーを自然に消費できるので、やせやすく、太りにくい体質へと変わっていきます。

運動不足を解消して、体温アップ効果も

最近は平熱が36℃を下回る「低体温」の方も増えています。実際、私もスポーツトレーナーとして多くの方と接してきて、低体温の女性があまりに多いのに驚きました。こんなにも多くの女性が冷えに悩んでいることに直面し、美コアのプログラムを開発する際には、**体温を上昇させる**ことを大切なコンセプトとして掲げてきました。

低体温の背景には、栄養バランスのかたよりや、体の機能を健全に保つ「自律神経」の乱れなどさまざまな問題がありますが、運動不足も大きな原因です。筋肉がエネルギーを消費する際は、熱が発生します。運動不足で筋肉量が減って基礎代謝量が下がると、血液循環が悪くなり、体温も下がってしまうのです。

とくに、脚の筋肉量の低下は問題になります。「ふくらはぎは第二の心臓」という言葉を聞いたことはありませんか？　地球には重力があるので、血液がどうしても下半身にたまってしまいますが、**脚をしっかり動かすことで、ポンプのように血液を心臓に戻す**ことができます。でも、脚の筋肉量が低下するとその機能が衰え、血液の循環が悪化し、体温が下がってしまうのです。

「体温が1℃下がると免疫力が約30％、基礎代謝は約12％低下する」といわれます。つまり体温が下がるほど病気にかかりやすくなる、太りやすくなる、ということです。

さらに、低体温は美容の大敵でもあります。血液の循環が悪くなることで、体内の老廃物がたまりやすくなり、むくみやすくなったり、肌の老化が進んでシミやシワなどができやすくなったりすることも……。いいことは、まったくありません！

シェイプアップや脂肪燃焼だけではなく、**健康な体をつくるためにも、すっきりとしたフェイスラインや若々しい肌を保つためにも**、下半身の筋肉トレーニング＝スクワットは欠かせないのです。

スクワットが「王道の全身ダイエット」といわれる理由

下半身の筋肉といっしょに「体幹」も鍛えられる

ここまで、下半身トレーニングのメリットについてお話ししてきましたが、体は全体のバランスが大切なので、下半身だけ鍛えればいいというものではありません。効率を考えて大きい筋肉がある下半身から攻めていき、最終的には全身の筋力もアップさせるというのが美コア流です。

私が提案する美コア流スクワットでは、全身を使う動きも取り入れているので、**下半身だけでなく体幹まで鍛える**ことができます。体幹とは胴体のことで、おしりからお腹、背中、胸、首まで含まれます。

スクワットで、体の土台である下半身の筋力を強化しつつ、上半身も鍛える。そうして体全体の質を高めていくのが、美コア流スクワットなのです。

息を吸って吐くことも、大事なトレーニングの1つ

美コア流スクワットのもうひとつの特長は、呼吸を利用していることです。呼吸は「腹式呼吸」と「ラテラル呼吸」の2種類を併用します（詳しい方法は2章で解説）。

呼吸はふだん自然におこなわれるので意識することは少ないと思いますが、胸郭《きょうかく》を拡大・収縮するために、横隔膜《おうかくまく》や内肋間筋《ないろっかんきん》、外肋間筋など体幹のさまざまな筋肉が使われます。とくにラテラル呼吸はお腹まわりの筋肉を刺激するので、体幹の筋肉トレーニングにつながります。

呼吸で使う筋肉は、骨格とつながっているので、呼吸を意識的におこなうことで、筋肉と骨格の調整ができるのもポイントです。骨格のゆがみが整うことでさらにやせやすい体になります。

また、**深い呼吸をすると、自律神経が整う効果もある**ので、ストレス緩和につなが

るという、うれしいメリットもあります。

相乗効果でやせる！　筋トレと有酸素運動の融合

美コア流スクワットは、筋トレと有酸素運動を組み合わせているのが最大の特長です。有酸素運動とは、体に軽〜中程度の負荷をかけつづける運動のこと。ウォーキングや水泳、ジョギングなどがよく知られています。**体内に酸素を取り込みながらおこない、糖質や脂肪を燃焼させる効果**があります。美コア流スクワットの場合は、その場で歩いたりジャンプしたりする動きをして、酸素を体に入れていきます。

毎日スクワットをつづけ、筋肉量が増えて代謝が高まると、有酸素運動の効果もアップするという相乗効果も。**筋肉をつけながら脂肪も落とすことができる**ので、ダイエット目的の方にも最適です。

「スクワットって、太ももが張りそう」と心配な方もいるかもしれませんが、やり方次第。**体幹を使い、呼吸を止めずにおこなえば、太ももが張る心配はありません。**

この本で体脂肪率マイナス5％がかなう！

美コアでは、運動だけでなく、食事や生活習慣の改善指導にも力を入れています。ただ体を動かすだけでは、本当の意味での健康的な体はつくれないからです。

運動でせっかく鍛えても、栄養バランスがかたよっていたら筋肉を維持できませんし、代謝が悪くなり、やせにくくなってしまいます。運動後は筋肉や血液の主成分となるタンパク質をしっかりとる、体を温める食材をとって血行をよくするなど、**正しい知識に基づいた食事**をとることで、運動の効果もさらに上がります。

また、1日3分のトレーニングのときだけ体幹を意識しても、日常生活でゆがんだ姿勢のまま過ごしていたら、ほとんど効果はありません。さらに、**入浴や睡眠など生活の質を向上させる**ことは、体温の上昇や代謝のアップには欠かせません。

この本の3章では食生活について、4章では生活習慣についてお伝えしますので、ぜひ美コア流スクワットとあわせて取り入れてみてください。1か月おこなうだけで、体脂肪率マイナス5％がかなった人もいます！

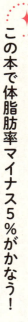

美コア流スクワットは体幹と骨盤がポイント

体を鍛えるよりも先に、正しい姿勢を！

「スクワット」というと、ただ脚を屈伸するイメージがあり、誰でも簡単にできるだろうと思っている方もいますが、その前に大切なのが、**体幹や骨盤が正しい位置でしっかりと固定されているかどうか**です。体幹や骨盤がブレている状態でトレーニングをおこなっても、あまり効果が上がりません。

たとえば歩くとき、腰が左右に大きく揺れたり、腰を反らしていたり、逆に前かがみになっていたりしませんか？　どのタイプの歩き方も、動きが大きいわりに歩きづらさを感じやすく、疲れがちで、筋肉もきれいにつきません。

一方、骨盤が正しい位置にあり、その上にしっかりと体幹が乗っている人は、体を左右に動かしたり、腰を前後に傾けたりせず、自然に歩けます。この状態だと、お腹の奥の筋肉がしっかり使えて、余分な力はいらないので、疲れて姿勢がくずれてくることもありません。

体幹や骨盤の位置を正しく覚えて、最小限の動きで体全体をバランスよく使えるようになることが、効率よく、美しい筋肉をつくる秘訣なのです。だからスクワットをおこなう際もまず、体幹の位置、骨盤の位置を覚えることから始めます。

あなたの体幹をチェック

体幹の位置が正しいかチェックするのは簡単です。

全身が映る鏡の前でまっすぐに立って、片足を上げてみてください。

□10秒間静止できず、フラフラしていませんか？

□腰が、前か後ろに反っていませんか？

□手の位置が耳の後ろに行っていませんか？

ひとつでも当てはまる場合は、体幹の位置が固定されておらず、筋肉もついていない、ということ。スクワットの前に、ここを正すことから始めましょう。

2章で、**立ったとき・座ったときの体幹の正しい位置**をレクチャーします。練習して体幹の位置を覚えたら、スクワット中はもちろん、日常生活の動作でもそれを意識するようにしてください。立つ、歩く、走る、階段を上る。さまざまな動きのなかで、体幹はいつも同じ位置をキープします。

これができるようになると、常に体幹を正しい位置に保ち、筋肉を最大限に使える生活が送れるので、**自然と基礎代謝も上がってきて、さらにやせやすくなるという好循環**が生まれます。

1日3分だから、無理なく始められる

体幹の位置をマスターすれば、効率よく体を鍛えられるので、長時間のトレーニングは必要ありません。

この本で提案するプログラムは、1日たったの3分だけ！

全身のトレーニングや呼吸法なども織り交ぜながら、短時間で効果的に下半身の筋肉に働きかける。それが美コア流スクワットです。

1日3分でも、毎日つづけることで、体の土台ができあがってきます。

ウエストをしぼりたい、ヒップアップしたいなど、ボディラインの悩みはさまざまありますが、いきなり一部分だけやせようとしても、うまくいきません。

まずは美コア流スクワットで余分な脂肪を落としながら、やせやすい体をつくるところから始めましょう。

美しく、そして健康的な体を目指しましょう

目指すは体脂肪率20％未満！

ダイエットを始めるとき、よく「マイナス5kg」といったように減量だけを目標とするパターンが多いですが、無理な食事制限をして体重だけ落としても、それが原因で体調をくずしたりストレスがたまってリバウンドしたりしては、意味がありません。本当に美しい体とは、健康であることが第一条件です。

体重とあわせて体重に占める体脂肪の比率を示す「体脂肪率」も意識するようにしましょう。余分な脂肪を落とし、適度に体のラインが引き締まった状態を理想としたとき、**身長150～160㎝なら、体脂肪率20％を切る**ことを目指しましょう。**160～170㎝なら、18～18・5％**が目安です。

ただ、脂肪はまったく無駄なものではなく、ホルモンを分泌したり、体温を保ったりする働きもあります。短期間で体脂肪を落としすぎると、女性ホルモンの分泌量が減って、月経不順や肌の老化、骨密度の低下の原因になることも……。張りきりすぎて体脂肪率15%以下にはならないように気をつけましょう。

まずは己を知ることから。体重チェックでモチベーションUP

ダイエットの成功の鍵は、自分の状態をよく知ることです。

まず、体重は毎日、測ること。できれば**体脂肪率や筋肉量、内臓脂肪なども計測できる体重計**を用意して、それらもチェックできると理想的です。毎日、体重や体脂肪が減っていくのを見るとモチベーションが高まりますし、「今月たくさん食べたから体脂肪も増えているな……」などと、自分の生活を振り返る機会にもなります。

また、血圧も自分のコンディションを知るのに役立ちます。最近は手頃な値段の血圧計も増えているので、おすすめです。

家庭で計測した場合、**最高血圧135㎜Hg未満、最低血圧85㎜Hg未満**が正常の目安。正常値なら基本的にしっかり体を動かしても大丈夫です。

高血圧の場合は、病院で適切な治療を受けるのはもちろんですが、激しい筋トレをおこなうと血圧が急上昇するなどのリスクもあるので、血圧が高い日は筋トレをお休みして呼吸法だけにするなど、調整するとよいでしょう。

低血圧については、とくに数値的な基準はありませんが、最高血圧がいつも110㎜Hg以下で体のだるさがつづいたり、めまい、頭痛、肩こりなどの症状があるとしたら、低血圧が原因の可能性もあります。受診するとともに、運動についても相談してみましょう。

また、月経前や月経中は体や心が不調になりがちなので、きついときは無理にトレーニングしなくても大丈夫です。一番脂肪が燃焼しやすいのは「月経が終わった後」ですから、その時期にがんばりましょう！

ミニスカ
はきたい！
ザ・美脚！
くびれ！
ボディメイク

Column 1

体脂肪率15%以下は逆にキケン！の理由

運動を始めて食生活も改善すると、次第に下がってくるのが体脂肪率です。でも女性の場合、あまりに体脂肪が減ってしまうと、月経がこなくなる（無月経）などの問題が起こりうるので注意が必要です。

「レプチン」というホルモンには生殖機能の調整作用があり、排卵を促してくれます。でも、体脂肪を落としすぎると、レプチンの分泌量が下がり、無月経や月経不順を招いてしまうのです。さらに、無月経になると、骨の形成を進める働きをもつ女性ホルモン「エストロゲン」が正常に分泌されず、骨粗鬆症《こつそしょうしょう》の原因にもなります。

女性は体脂肪率15%を切ると月経不順や無月経が増加するといわれます。美コアでも、15%以下は推奨していません。なぜなら、美コアは「健康的にきれいに体を引き締める」をテーマに、女性ホルモンが活発に動くことを第一に考えたメソッドだからです（ときどき「全身ムキムキになりたい」「腹筋を割りたい」という女性もいますが、それでも私はこの体脂肪率をすすめます。最初はみんな戸惑いますが、危険性を理解してくれます）。

私自身は、身長168cmで体重48kg、体脂肪率17～18%をキープ。これ以上は下げないようにしています。ダイエットもやりすぎは禁物です。

2章

1日3分！
脚から体幹まで全身鍛える
7つのスクワット

知っておきたい！　やせ効果のある呼吸法

呼吸でしか鍛えられない筋肉があった！

私が提唱する美コア流スクワットは、筋トレと有酸素運動の組み合わせになっているのが最大の特長です。そこで大事になるのが、スクワット中の「呼吸」。なぜなら、呼吸でしか鍛えられない筋肉があるからです。それは**肋骨《ろっこつ》のまわりにある「呼吸筋《こきゅうきん》」**といわれる筋肉たち。ふだん意識せずともゆっくり深く大きく呼吸ができている人は、この筋肉がしっかり動いています。

一方、ふだんから座っている時間が長く、パソコンやスマートフォンに張りついていることが多い人は、鼻の穴からほんのちょっと息を吸って吐くだけなので、呼吸筋が動かず、固くなる。そこで、この筋肉をやわらかくしてあげる必要があるのです。

さらに、スクワット中の呼吸を意識できるようになれば〝一石五鳥〟のメリットが得られます。まず**体幹が整う↓骨格のゆがみも整う↓やせやすい体になる↓自律神経が整うことでストレスも緩和される↓自分の意欲も増す！**というわけです。

現代人は前かがみになる動きが多いため、どうしても、わきの下あたりにリンパがたまりやすくなります。もともと呼吸が浅いうえ、パソコン作業などに集中してさらに呼吸が浅くなるという悪循環……。

こうなると、昔ながらの筋トレの考え方では追いつきません。

従来の筋トレは「無酸素運動でおこなうもの」とされてきましたが、美コアでは、**あえて呼吸を意識し、酸素を取り込もう**と考えます。

だからこそ、呼吸そのものを「トレーニング」で練習することが大切なのです。

「体幹」を意識すれば、呼吸だけでやせる！

まずは、**「座ったときの体幹」を使える位置を身につける**こと。そのうえで呼吸法を練習していきます。こうしてトレーニングすることで、より効率良く体が引き締まりますので、徹底的に覚えていきましょう。

「座ったときの体幹」とは、胸・お腹・おしり・背中・首のこと。これらの筋肉を最もしっかり使うためには、「おしりの後ろ」を意識することがポイントです。よくない姿勢（たとえば猫背や反り腰のようなポーズ）で練習しても効果は出ません。

この座り方で呼吸法を練習！

まず、図のように床にあぐらをかいて座ります。4点すべてを意識しながら、体幹の位置を守ったうえで、おしりの後ろに体重を乗せます。

このポーズがきつい人は、背後に手をついて支えます。ふだん猫背や反り腰の人がこのポーズを練習すると、腰を痛めることがありますので注意してください。後ろに重心をかけると「え、こんな筋肉使ったことないじゃない！」と体がビックリしてしまうんです。無理をせず、背後に手をついておこないましょう。

体幹を意識した、正しい座りポーズ

＼ GOOD ／

図の4点を意識しながら、おしりの後ろ側に体重を乗せて、あごを軽く引きます。胸は、横に引っ張るようなイメージで、しっかり張りましょう

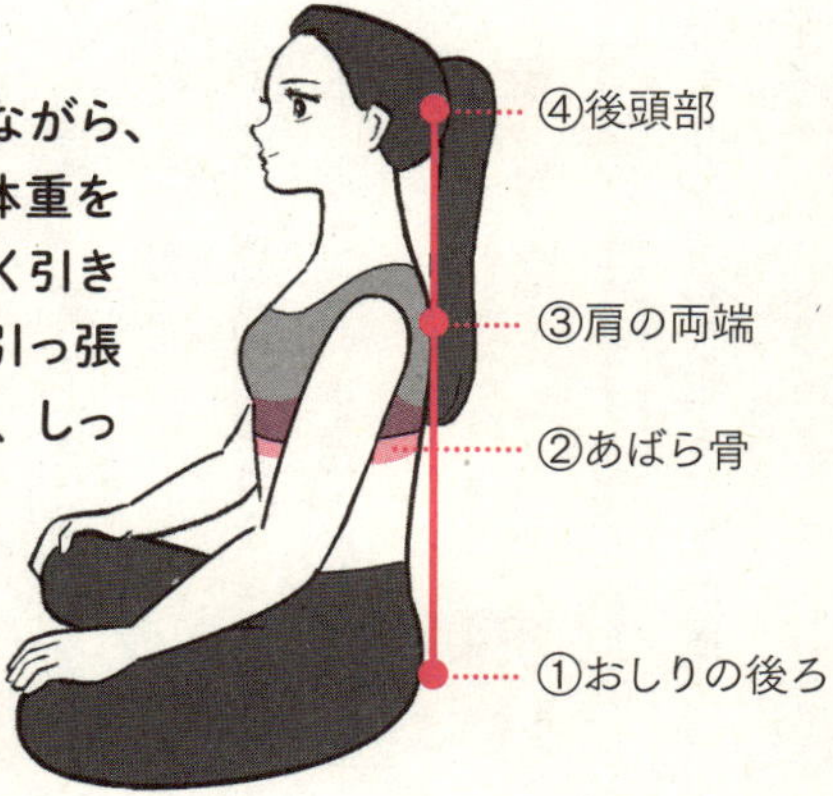

＼ NG ／
反り腰

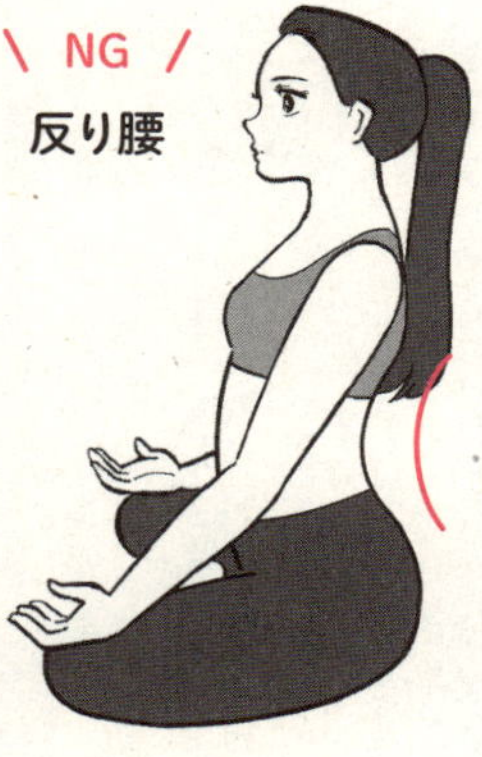

＼ NG ／
猫背

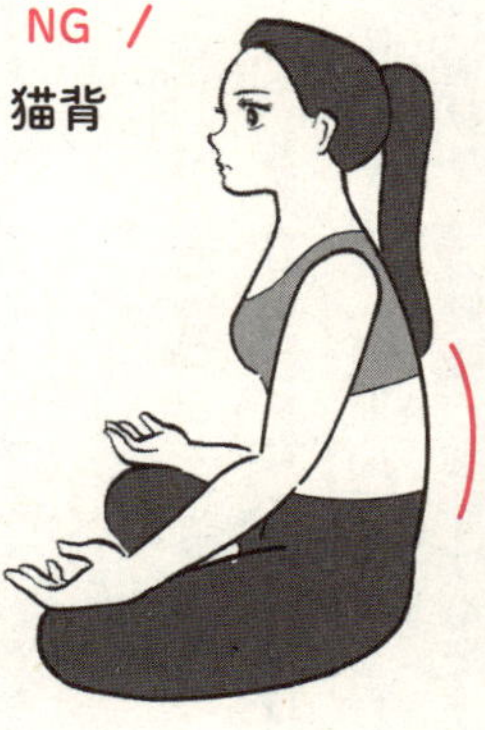

体幹を意識した2種の呼吸法

私がレッスンで教えている呼吸法には2種類あって、1つめは「腹式呼吸」、2つめは「ラテラル呼吸」です。

ストレッチなど、**体をゆるめるときは、基本的に腹式呼吸**をします。息を吸うときにお腹をふくらませ、吐くときにお腹をへこませるという、その名のとおりお腹を使った呼吸法です。「最近ストレスがたまってるなあ」「頭を使いすぎたかも。気をゆるめたい」などと、精神的な疲れをとりたいときは、腹式呼吸がおすすめ。寝る前に好きなアロマオイルをたらしたマスクをつけて目を閉じ、腹式呼吸をすると、リラックス効果が高まります。

一方、**体を動かすときや、筋トレで体を鍛えるときは、ラテラル呼吸**をします。ラテラル（英語でlateral）とは「側面」という意味で、大きく息を吸ったときにあばら骨（胸の下〜肋骨〜わき腹まで）が横に広がるのが特長です。「短期間で減量したい」「体を鍛えたい」「姿勢を整えたい」というときは、ラテラル呼吸がおすすめです。

呼吸レッスン①——腹式呼吸でリラックス

自分の心身の状態と相談して、無理のない範囲で練習していきましょう。まずは、腹式呼吸から。

腹式呼吸のポイント

〈体勢〉先ほど紹介した、座ったときの体幹を意識した姿勢をとります。

〈息の吸い方〉次の図のように胸とお腹に手を当て、鼻から大きく息を吸って、お腹や胸にしっかり空気を入れます。胴体が前後にたおれないよう、体幹を意識しましょう。お腹は少し前にふくらむ感じ、胸は前に出る感じです。

このとき、手は添えるだけでじゅうぶんです。胸やお腹を押すためでなく、「動いている感覚」を脳に伝えるために、手を添えるのです。

〈息の吐き方〉口から息を吐いて、お腹に入った空気を全部出します。お腹が背中のほうに押されるような、しぼんでいく感覚があるといいですね。

息は鼻からより口から吐くほうが、より多い量の空気を吐き出せます。体を変えるためには、吸う息より吐く息が多めのほうがいいので、鼻から吸って口からフーッと吐くのです。

吐く息の量が多ければ多いほど、呼吸筋が締まり、鍛えられます。体に入った空気を全部出し切るようなイメージで、ギリギリまで息を吐いてください。自然と腹筋にも力が入ります。

〈秒数〉**6秒で息を吸い、少し長めの8秒で息を吐きます。**

体幹の正しい位置を意識しながら腹式呼吸をおこなって、お腹や胸に空気を出し入れします。

腹式呼吸レッスン

口からフーッと吐く　　鼻からスーッと吸う

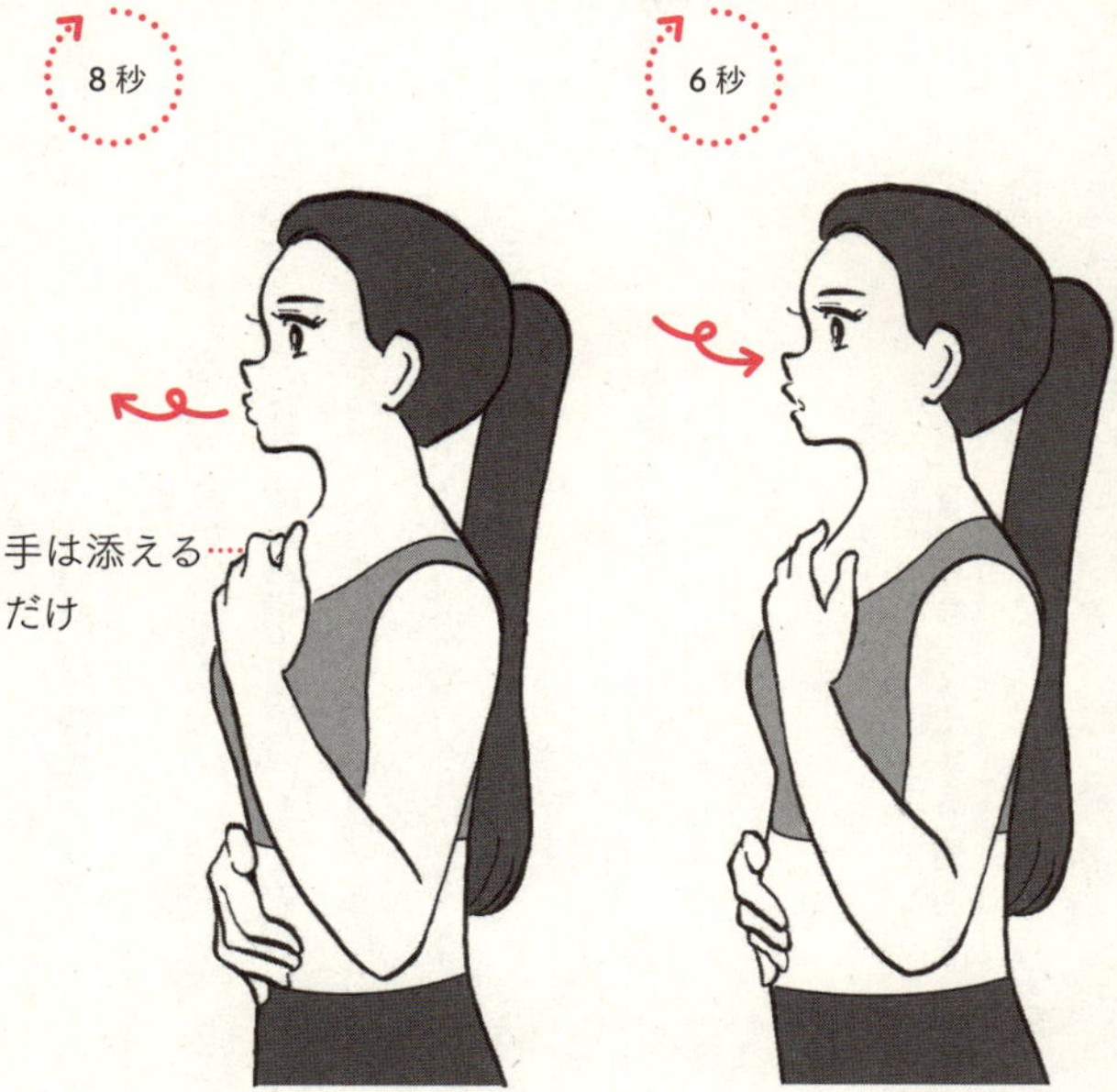

まずは 5回 練習してみましょう。

呼吸レッスン②――ラテラル呼吸で体を鍛える

腹式呼吸が整ったら、一度、体の力を抜きましょう。今度は、ラテラル呼吸の練習です。このときも「座ったときの体幹」の位置を意識しながらおこないます。

ラテラル呼吸では、大きく息を吸ったときにあばら骨（胸の下、肋骨、わき腹まで）が横に広がります。この動きが大きければ大きいほど、深い呼吸ができています。

深い呼吸できていますか？

診断

①座ったときの体幹を意識した姿勢をとり、大きく息を吐きます。このとき、背中を丸めたり肩を内側に入れたりせず、正しい姿勢を守ります。
②あばら骨に両手をあて、指の第1関節どうしを図のように交差させます。
③大きく息を吸い、胸に空気を入れます。

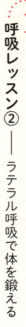

深い呼吸できていますか？　診断テスト

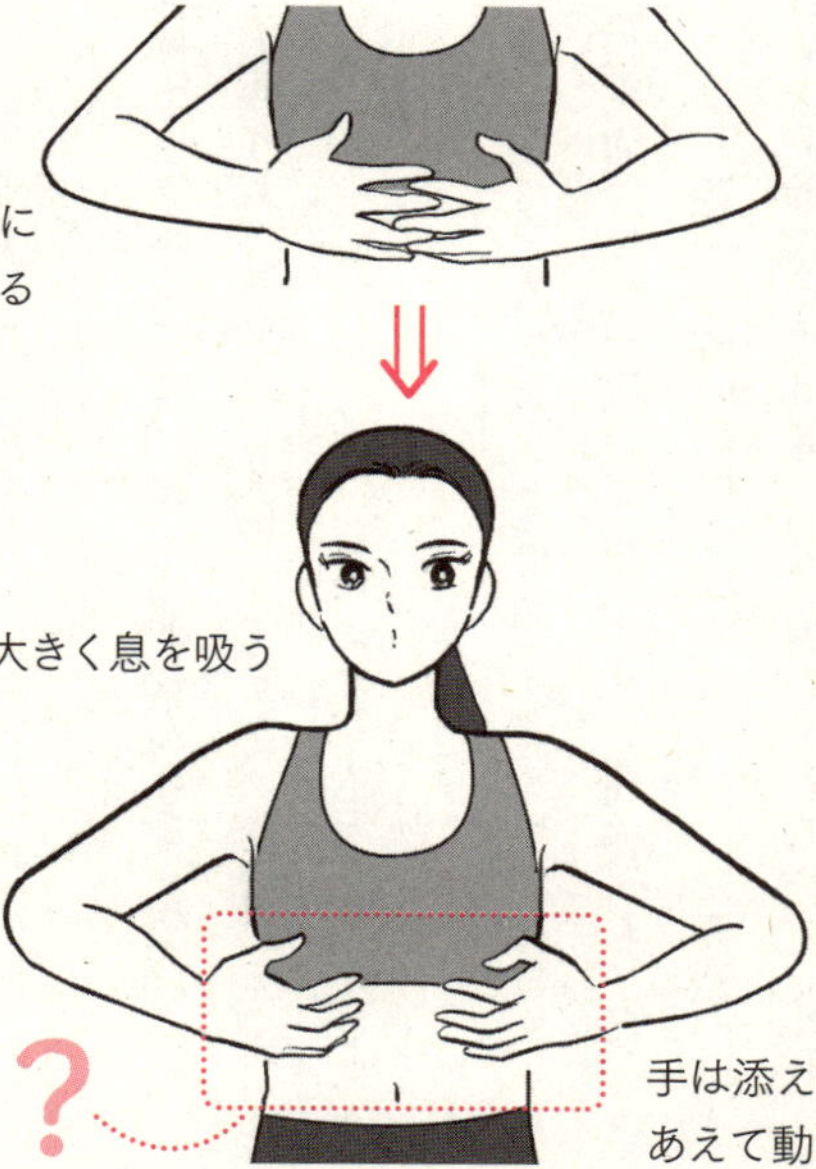

あばら骨に
手をあてる

大きく息を吸う

手は添えるだけ。
あえて動かさない

Check Point

- ☑ 大きく息を吸ったとき、
あばら骨はどれくらい横に広がりますか？
- ☑ 指と指は、どれくらい離れますか？

結果

・あばら骨は3㎝以上ぐっと広がり、指と指が完全に離れる

↓かなり深い呼吸ができています。素晴らしい！

・あばら骨は1〜2㎝広がり、指と指がなんとなく離れる

↓無意識のうちに呼吸ができていますが、筋肉が完全にゆるんでいる状態とはいえません。運動効果を上げるために、もっと動かせるようになりましょう。

・あばら骨がほとんど広がらず、指と指がくっついたまま

↓普段の生活で呼吸が浅いといえます。原因としては、ストレスがたまりやすい。もしくは、背中や胸の筋肉が固くなっていて姿勢が丸まりやすい。この状態だと有酸素運動の効果は低く、代謝も下がりやすくなります。まずは、あばら骨の柔軟性を高めましょう。しっかり呼吸できる体をつくることで、ストレスの緩和にもつながります。

ラテラル呼吸のポイント

〈体勢〉まずはお腹を凹ませて、おへそを背中のほうに押し込みます。さらに、骨盤《こつばん》底筋《ていきん》（トイレに行きたくても行けないときにキュッと締める筋肉）に力を入れます。**腹筋と骨盤底筋、この2点をしっかり締める**のです。

キュッと締める方法がイメージできないという人は、骨盤底筋が弱っています。その場合は、おしりの筋肉にぐっと力を入れるのでもOKです。

〈息を吸う〉あばら骨に両手を乗せます。**息を鼻から大きく吸って、胸に空気を入れます。**

このとき、あばら骨のひらきをしっかりと感じます。胸を張って前方に出そうとする方がいますが、これだと体幹を意識できていません。**体幹を意識して息を吸えば、あばら骨だけが動きます。**

〈息を吐く〉**息を口から吐きます。**このとき自然とあばら骨の位置が下がり、両手はもとの位置に戻ります。あばら骨につられて肩や腕も内側に入ってしまうのはＮＧです。

〈再度、息を吸って吐く〉息を鼻から吸い、背すじと頭頂部をぐっと伸ばします。息を口から吐き、両肩と腰を下げ、首を長く伸ばし、あごは軽く引きます。

こうして息を吸って、吐いて、をくりかえします。あばら骨だけをひらいたり閉じたりできるよう練習していきましょう。大胸筋が引っ張られるので、胸のストレッチ効果も期待できます。

〈秒数〉息をゆっくりスーッと6秒で吸って、フーッと8秒で吐きます。腹筋と骨盤底筋の力を抜かないように注意しましょう。

トレーニングとしてはもう1種類、速めに「スッ、スッ、スッ」と息を吸うのもおすすめです。

練習がおわったら両手を広げ、背中を丸くしておへそを見て、いったん脱力します。

ラテラル呼吸レッスン

鼻からゆっくりスーッと吸う

6秒

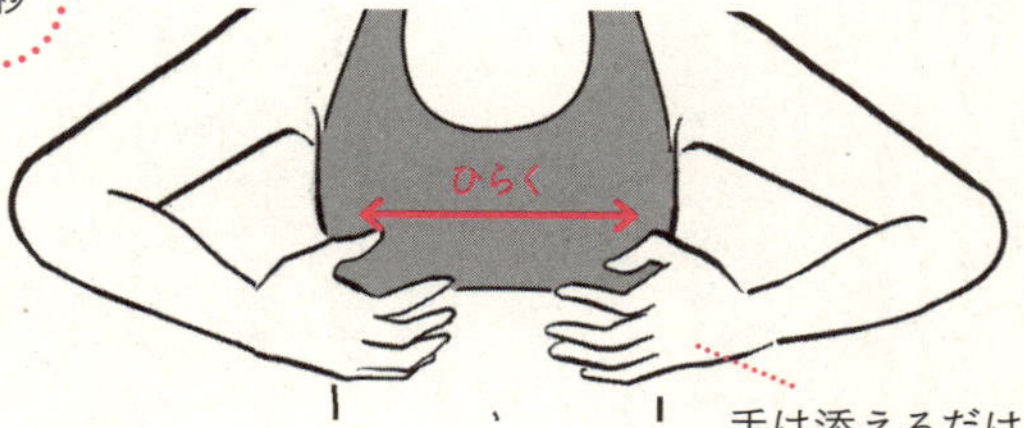

手は添えるだけ。
あえて動かさない

口からゆっくりフーッと吐く

8秒

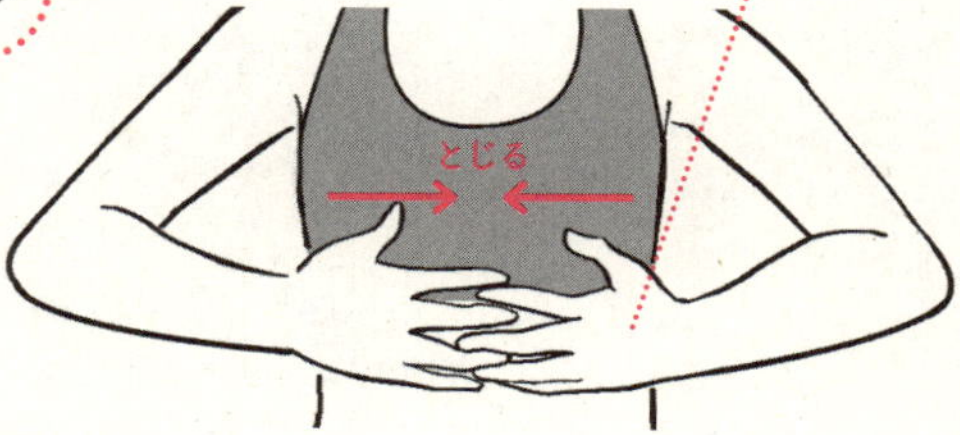

ゆっくり呼吸を3～5回　速い呼吸を10回
練習してみましょう

初心者でも無理なく、深〜い呼吸をつづける3ステップ

呼吸もトレーニングの1つなので、最初からきれいなポーズでおこなえなくても当然です。

ここまで読んでみて「私にはむずかしい」と感じた人もいるかもしれませんが、初心者でも簡単につづけるためのステップを、少しずつ試してみてください。

〈ステップ1〉

体幹を意識した、正しい姿勢をとる。

静止した状態で、正しい姿勢を維持したまま、深い呼吸の練習をする。

〈ステップ2〉

筋トレ中は、絶対に呼吸を止めないようにする。

スクワット・プログラムには「ラテラル呼吸」または「腹式呼吸」の指定がついて

いますが、むずかしければ、ひとまず無視してＯＫ！　呼吸の使い分けより「呼吸をつづけること」自体を優先させてください。

〈ステップ3〉

指定どおりの呼吸をしながら筋トレができるようになる。

体幹キープしながら、この2種類の呼吸の切り替えができるようにします。こうして体をつくることが、美コアの基本です。

仕事のちょっとした休憩タイムや、電車に乗っているあいだに呼吸トレーニングをしてみるのもいいですね。慣れないうちは酸欠を起こすこともありますから、初心者は**「10秒以内で吸って吐いてをくりかえす」×「3回」**を目安にしましょう。

腹式呼吸とラテラル呼吸の使い分けができるようになれば、日常生活でも無意識のうちに、深い呼吸ができるようになります。

「立ったときの体幹」をチェック

3つの洞窟で、めざせ美脚！

体温アップをかなえるには、骨格のゆがみを解消しながら、正しい筋肉をつけていく必要があります。スクワットは、姿勢の悪いままおこなっても効果は出ませんので、脚のゆがみがない状態をつくっておきましょう。

すらりとした「美脚」の条件とは、**脚を閉じたとき、3つの洞窟（すきま）がきれいに見えている**こと。O脚やX脚だと、ひざの間やふくらはぎの間、両足の間のいずれかが離れていて洞窟が3つともはありません。

なお、外反母趾《がいはんぼし》のために両足がぴったりと閉じない方は、指1本分あけた状態をひとまず「正常」と考えてチェックしてください。

美脚チェック！　3つの洞窟、あいてますか？

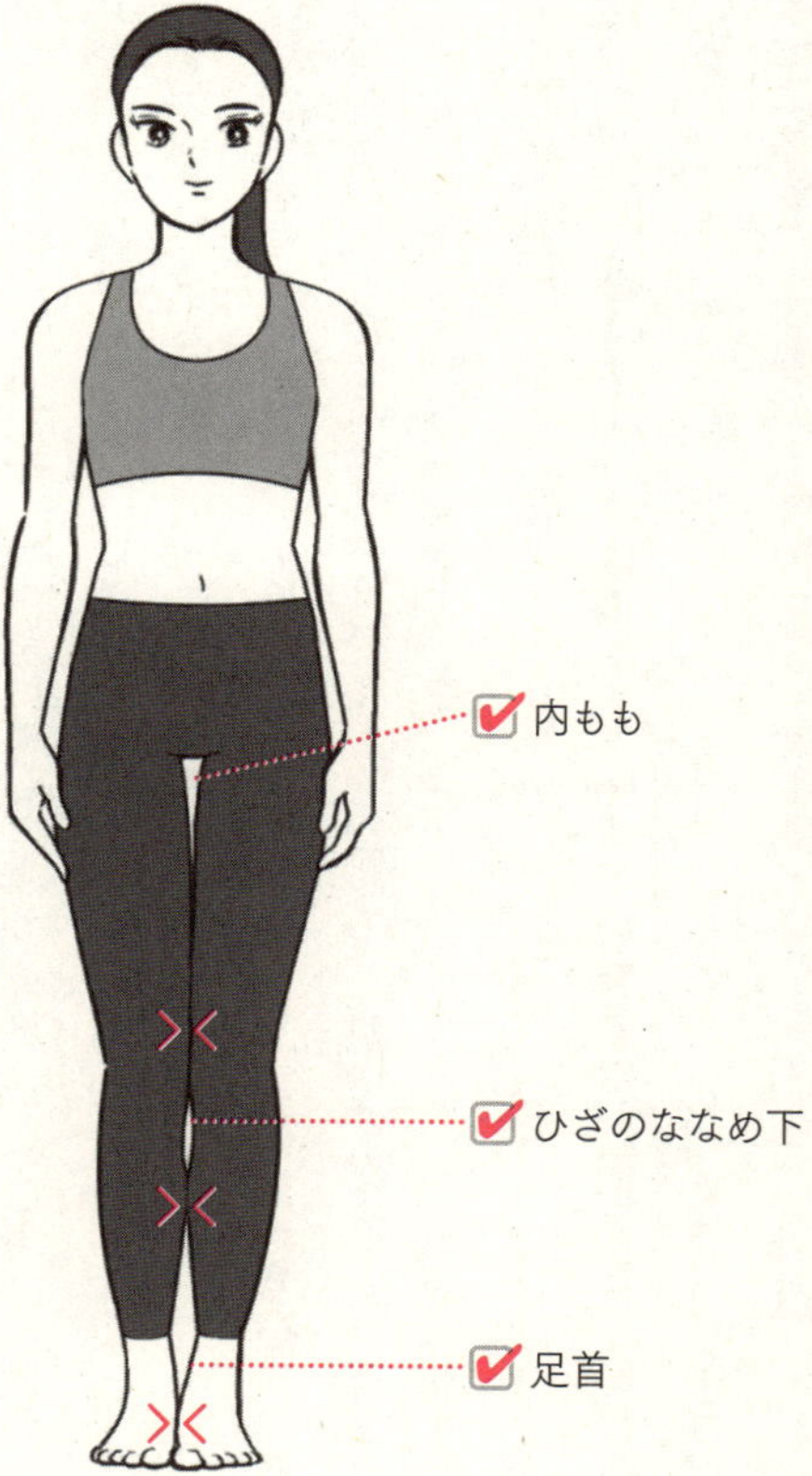

すらり美脚でスクワット効果アップ

美脚をめざすときに大事なのは、**体幹を意識した正しい立ち方**を覚えることです。先述した「座ったときの体幹」とは少し違うので、意識を変えてください。

まず、まっすぐ立ったら「かかと」を基準にし、重心が後ろにくるよう、図の4点をしっかりとかかとに乗せます。一直線につながっているイメージです。

そして、なだらかなS字を描くように、背骨のラインを整えます。

注意点は「背中を後ろに引く」のではなく、**「あばら骨を、後ろに押し込んであげる」イメージ**をもつことです。胸の下の骨やお腹を後ろに押し込むようにすると、自然と背中に、なだらかなS字ができます。

とくに女性は胸を張って前方に出そうとする人が多いですが、これでは残念ながらお腹に肉がつきやすくなります。**胸は張らず、胸の下の骨を押し込む！** このほうが上半身の姿勢が美しく見えて、くびれもできます。いかにこの姿勢をくずさずにトレーニングできるかによって、スクワットの効果もぐんと変わってきます。

体幹を意識した立ち方

4点をしっかりかかとに乗せる。
そして、なだらかなS字を描くように、背骨のラインを整える。

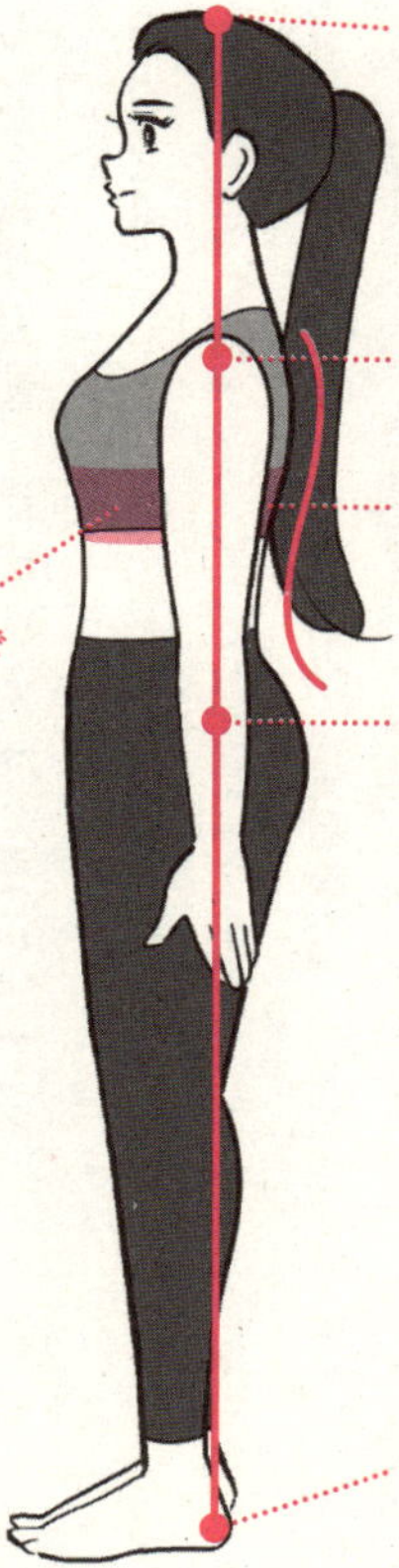
④頭頂部
③肩の両端
②あばら骨
あばら骨を後ろに押し込むイメージで
①大転子
（おしり横の出っぱった骨）
★かかとが基準！

美コア流スクワット7日間プログラム

筋トレと有酸素運動、両者の効果を手に入れる

いよいよ1日3分のトレーニングを紹介します。私が考案した**「美コア流スクワット」は、筋トレと有酸素運動をセット**でおこないます。これが最大の特長です。

まず、最初の1分間は、かんたんな有酸素運動をおこないます。

そして次の2分間は、30秒ずつスピードを変えながらスクワット（筋トレ）をおこないます。**筋トレ中も、呼吸は止めません。**これにより、有酸素運動との相乗効果が期待できるのです。

スクワットは日替わりで7種。使う筋肉や鍛える部位が日によって異なり、短時間ですので、休みなく毎日つづけても疲れにくいプログラムになっています。

1日目のスクワット・プログラム

＼スタート／

その場ウォーク30

▼

立ったときの体幹を意識しながら、その場で30秒、歩きます。

大の字ジャンプ30

▼ ▼ ▼

両手・両脚を開閉しながら、その場で30秒、ジャンプをくりかえします。

ふだん運動不足の方は、ここまでの1分で息切れしてくるかもしれません。たった1分とはいえ、じゅうぶんな有酸素運動になるのです。

1日目のスクワット

サイドインリフト

ゆっくりスクワット30

▼

速くスクワット30

▼

ゆっくりスクワット30

▼

速くスクワット30

／ゴール＼

1日目は「**サイドインリフト**」というスクワットをおこないます。片方のひざを上げてひじに寄せる⇔ひざを下げる、という動作のくりかえしです。30秒ずつスピードを変え、リズミカルにおこなうことで、ほどよく心拍数が上がります。

効果 関節のねじれ、骨盤のゆがみ、筋肉や腱《けん》のねじれを整える。

その場ウォーク30

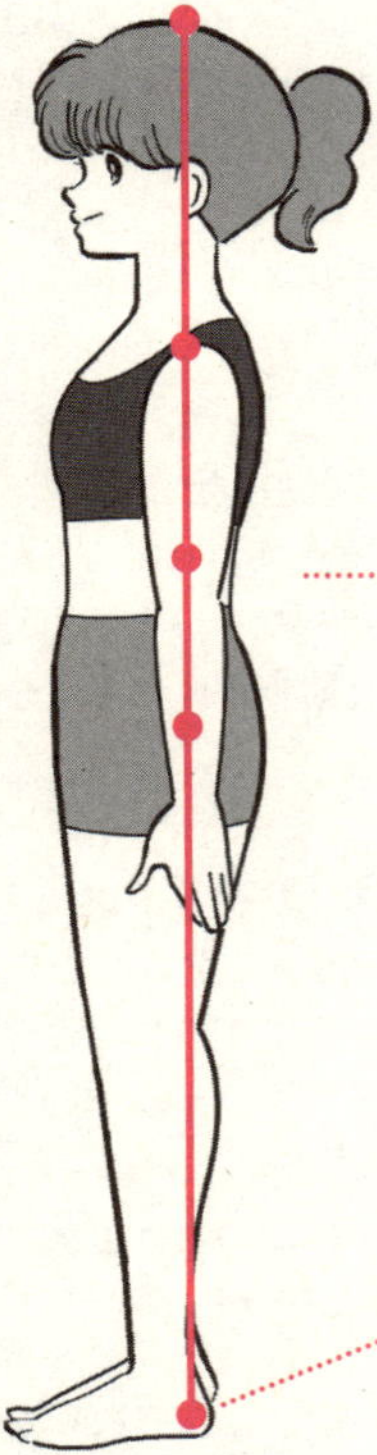
猫背や反り腰はNG
立ったときの体幹（P51）を
意識する。かかと重心

＼スタート／
1 まず、基本の
立ちポーズをとります。

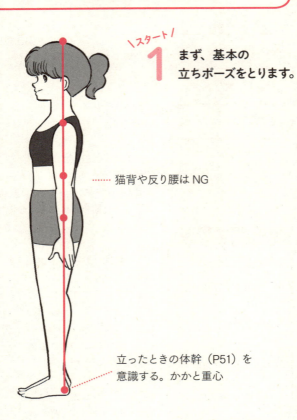

2 このまま、その場で歩きます。腹式呼吸で、息を止めずにおこないます。

腹式呼吸

ゆっくり30秒

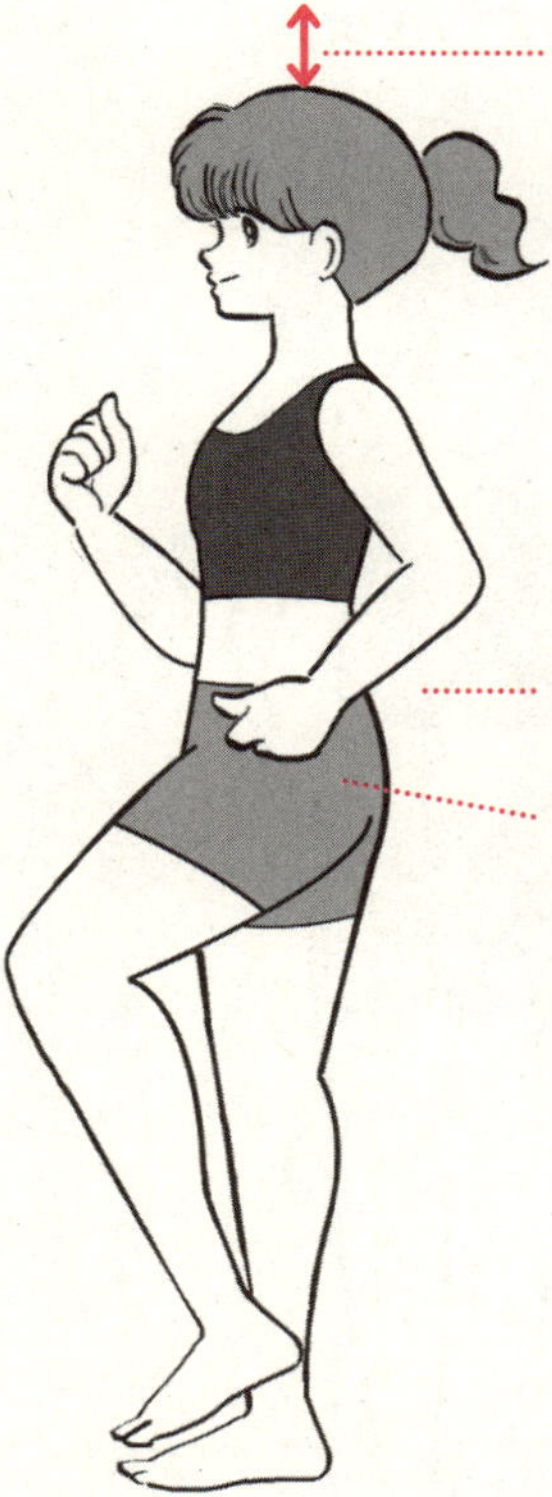

体幹キープしたまま、しっかり全身を上下（タテ方向）に動かす

猫背や反り腰はNG

このときおしりが左右に揺れたり肩が動いたりしたら、体幹が使えていないということ。しっかり上下に！

次はジャンプ

大の字ジャンプ 30

1 基本の立ちポーズをとります。

2 大の字にジャンプをします。腹式呼吸で、息を止めずに、声を出してカウントしながらこれをくりかえします。なるべく速く、なるべくリズミカルに。

腹式呼吸

速く30秒

体幹キープしたまま、肩関節、股関節を動かす

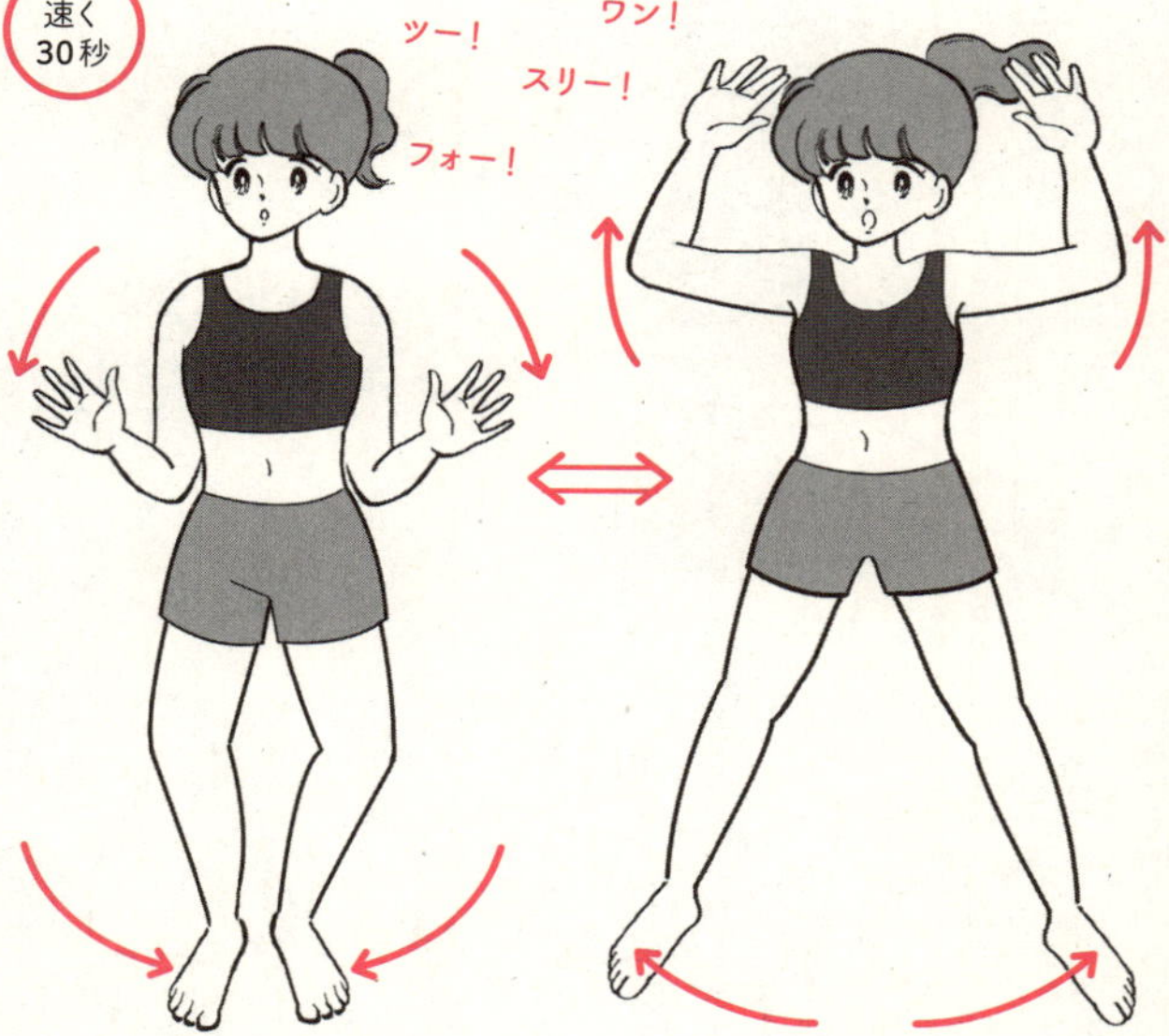

ジャンプして、両足を閉じる。わきを締める

ジャンプして、両手・両足を広げる

次はスクワット

1日目のスクワット　サイドインリフト

1 基本の立ちポーズをとります。

2 左右どちらかの脚に体重を乗せます。

体重をかけた
ほうのひざは
外に向ける
ひとさし指から小指までは
床から浮かせる

3 ゆっくり「スッ」と、ひざを上げ、ひじに寄せます。

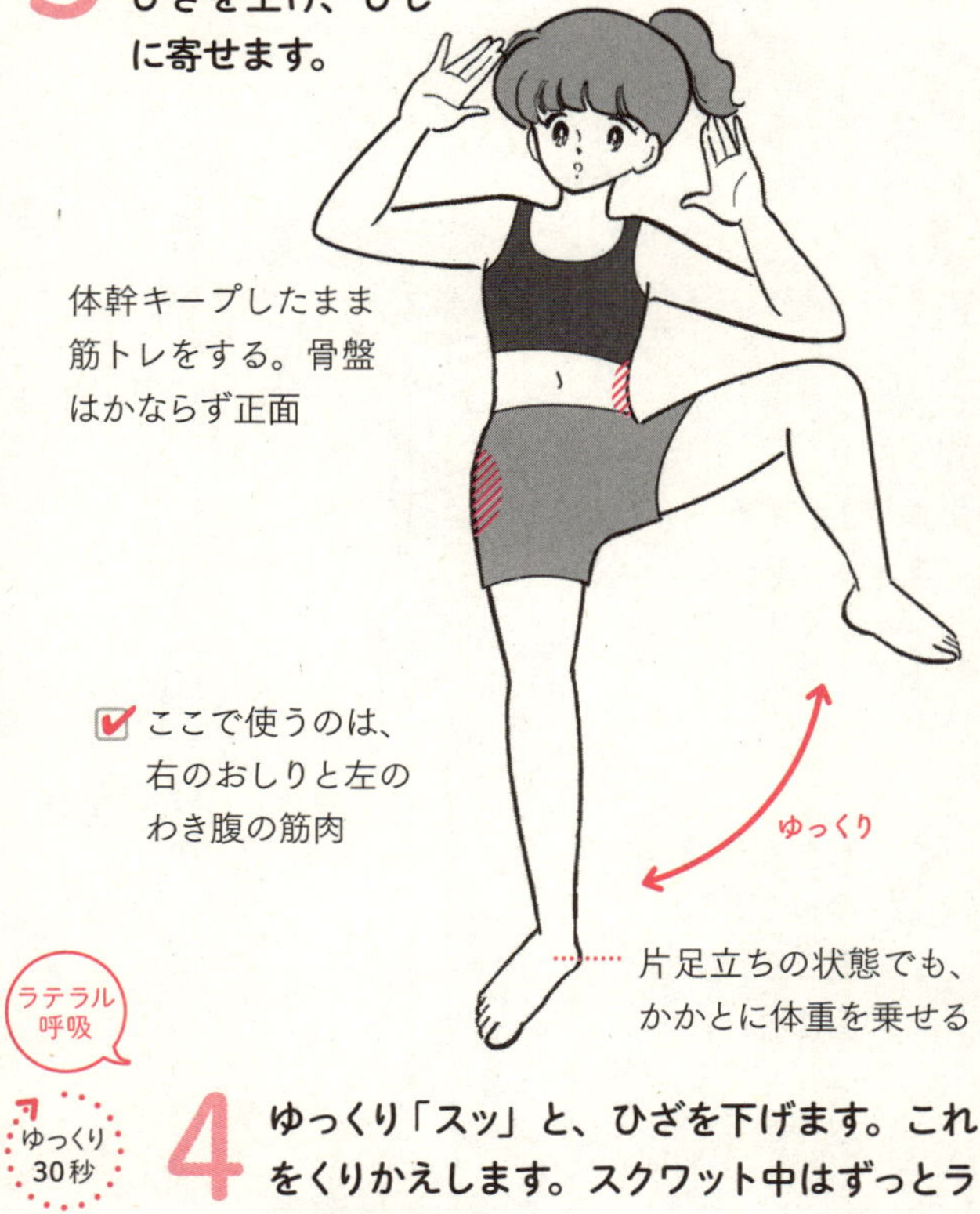
体幹キープしたまま
筋トレをする。骨盤
はかならず正面
ここで使うのは、
右のおしりと左の
わき腹の筋肉
ゆっくり
片足立ちの状態でも、
かかとに体重を乗せる
ラテラル
呼吸
ゆっくり
30秒

4 ゆっくり「スッ」と、ひざを下げます。これをくりかえします。スクワット中はずっとラテラル呼吸です。

次は速く

5 こんどはスピードを上げて「スッ」と、ひざを上げ、ひじに寄せ、速く「スッ」と、ひざを下げます。

ラテラル呼吸

速く 30秒

ワン！ ツー！
スリー！ フォー！
速く
かかと重心

声に出してカウントしながら、なるべく速く、なるべくリズミカルに上下させる

6 右足も同様にゆっくり30、速く30をおこないます。

ゆっくり 30秒　速く 30秒

＼ゴール／おつかれさま！　まだまだこれから

2日目のスクワット・プログラム

＼スタート／

その場ウォーク30

▼

大の字ジャンプ30

1日目と同様におこないます。

▼

2日目のスクワット

ワイドスクワット

ゆっくりスクワット30

▼

速くスクワット30

▼

ゆっくりスクワット30

▼

速くスクワット30

／ゴール＼

２日目は「**ワイドスクワット**」というスクワットをおこないます。両脚を大きく広げて立ち、腰を落とす⇔もとの姿勢に戻る、という動作のくりかえしです。30秒ずつスピードを変え、リズミカルにおこないます。

効果　太もも前、お腹まわり、おしりの筋肉を鍛えながら、体幹も鍛える。

2日目のスクワット ワイドスクワット

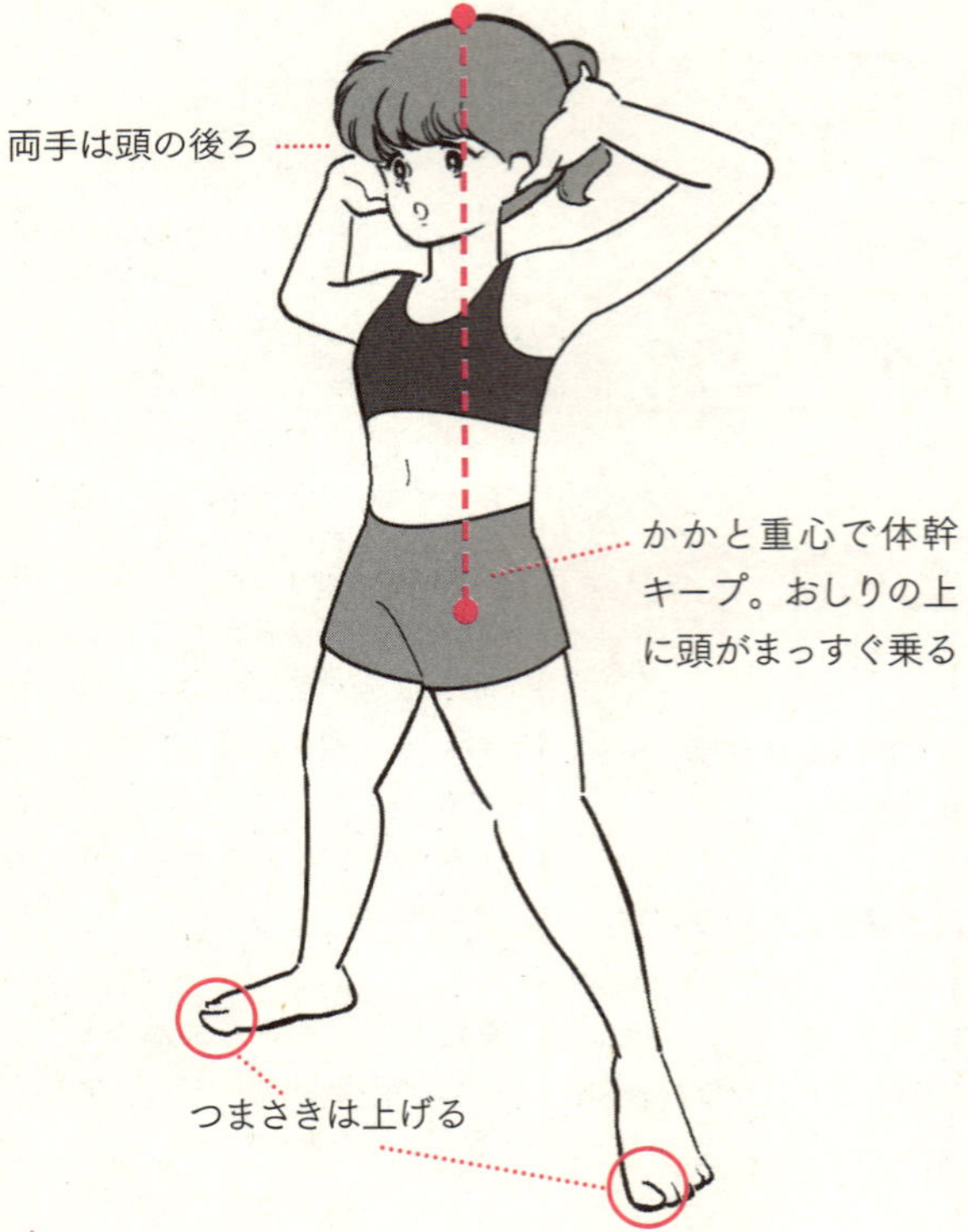
両手は頭の後ろ
かかと重心で体幹キープ。おしりの上に頭がまっすぐ乗る
つまさきは上げる

＼スタート／

1 **基本の立ちポーズをとり、両足をできるだけ肩幅以上（肩から1歩外に出るくらいは）広げます。**

2 ゆっくりフーッと息を吐きながら、そのまま腰を落とします。

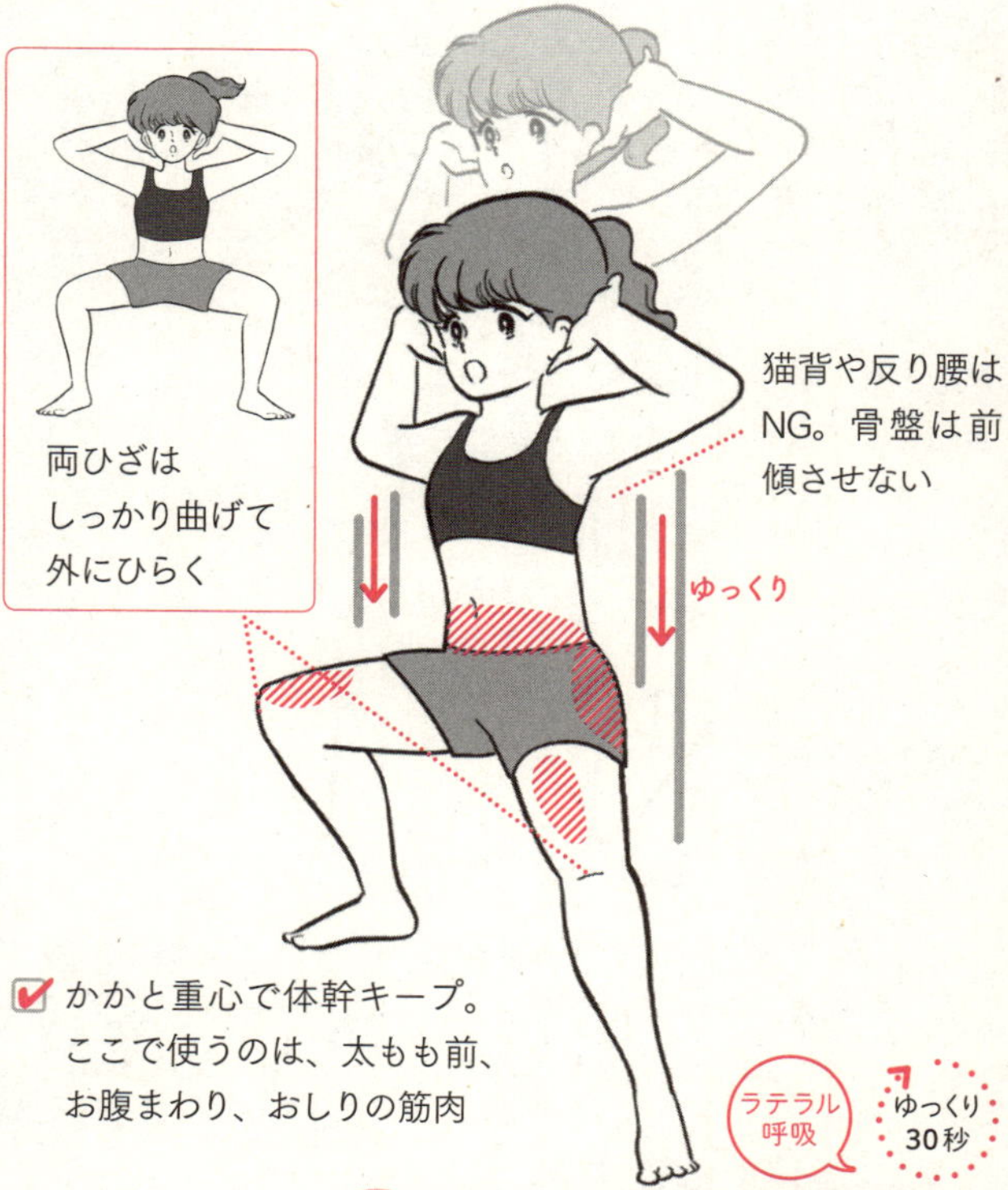
両ひざは
しっかり曲げて
外にひらく
猫背や反り腰は
NG。骨盤は前
傾させない
ゆっくり
ラテラル呼吸
ゆっくり30秒

✔ かかと重心で体幹キープ。
ここで使うのは、太もも前、
お腹まわり、おしりの筋肉

3 ゆっくりスーッと息を吸いながら、①の姿勢に戻ります。これをくりかえします。

次は速く

4 こんどは、腰を落としたポーズのまま、スピードを上げて、こまかく体幹を上下させます。

ラテラル呼吸

速く30秒

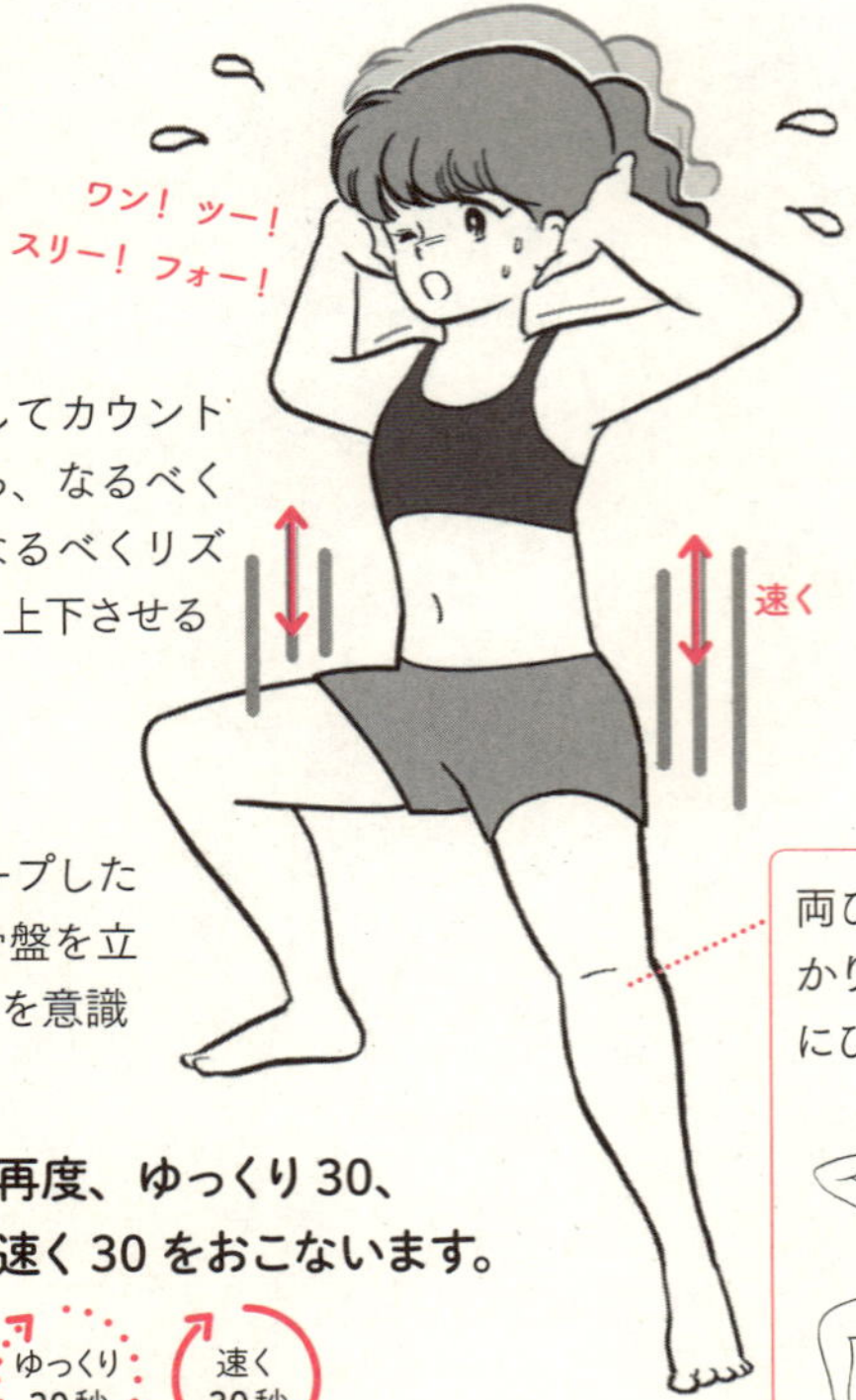

声を出してカウントしながら、なるべく速く、なるべくリズミカルに上下させる

体幹キープしたまま、骨盤を立てることを意識

両ひざはしっかり曲げて外にひらく

5 再度、ゆっくり30、速く30をおこないます。

ゆっくり30秒　速く30秒

＼ゴール／最初はみんな、きついはず。めげずにチャレンジ！

3日目のスクワット・プログラム

＼スタート／

その場ウォーク 30

▼

大の字ジャンプ 30

1日目と同様におこないます。

▼

3日目のスクワット

ワイドスクワットからのヒップ上げ

ゆっくりスクワット 30

▼

速くスクワット 30

▼

ゆっくりスクワット 30

▼

速くスクワット 30

／ゴール＼

3日目は、2日目の「**ワイドスクワット**」から「**ヒップ上げ**」をおこない、おしりをもっとダイレクトに使っていきます。ワイドスクワットの姿勢から背中をたおす⇔もとの姿勢に戻る、という動作のくりかえしです。30秒ずつスピードを変え、リズミカルにおこなうことで、ほどよく心拍数が上がります

効果 下半身（とくに内もも、太ももまわり）がキュッと締まる。おしりが高く引きあがる。ふくらはぎの位置が上がる。

3日目のスクワット ワイドスクワットからのヒップ上げ

＼スタート／

1 2日目の「ワイドスクワット」の基本ポーズをとり、少しひざを外に広げます。
あごを引き、前方を見て、胸をひらきます。

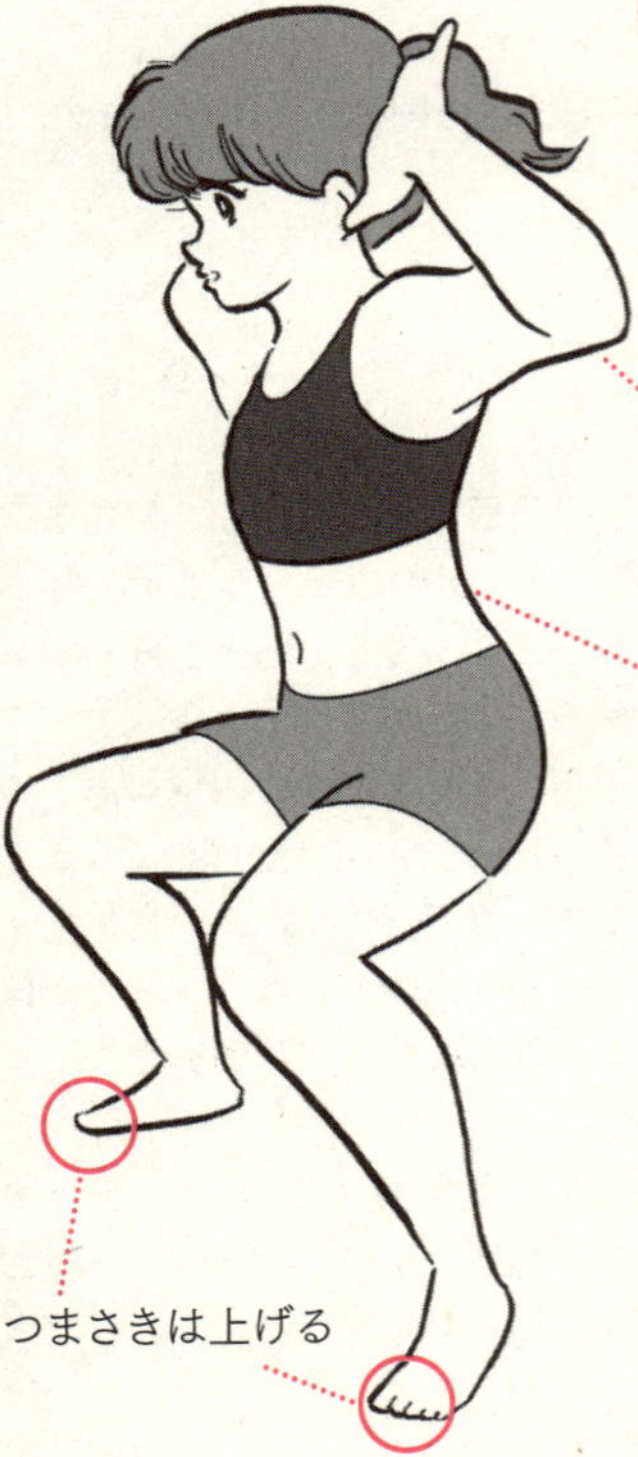
両手は頭の後ろ。ひじはぐっと広げる
体幹はなるべく起こした状態で、背中はまっすぐ
つまさきは上げる

2 ゆっくりフーッと息を吐きながら、背中を前にたおします。

ゆっくり
体幹キープしたまま、
背中は天井と平行に
なる

✔ここで使うのは、おしりから太もも全体、ふくらはぎの筋肉。骨盤が固定されると、ブレない体に！

3 ゆっくりフーッと息を吐きながら、もとの姿勢に戻ります。これをゆっくり、くりかえします。

ラテラル呼吸

ゆっくり 30秒

次は速く

4 こんどは、体幹を前にたおしたポーズのまま、おしりをわずかに上下に、こまかく動かします。

ラテラル呼吸

速く30秒

体幹キープしたまま背中はまっすぐ。ひざはなるべく外にひらく。つまさきは上げたまま
ワン！ ツー！
スリー！ フォー！
速く
声を出してカウントしながら、なるべく速く、なるべくリズミカルに上下させる

5 再度、ゆっくり 30、速く 30 をおこないます。

ゆっくり30秒　速く30秒

＼ゴール／これができたら1歩前進！　がんばろう！

4日目のスクワット・プログラム

＼スタート／

その場ウォーク 30

▼

大の字ジャンプ 30

1日目と同様におこないます。

▼

4日目のスクワット

合蹠《がっせき》スクワット

ゆっくりスクワット 30

▼

速くスクワット 30

▼

ゆっくりスクワット 30

▼

速くスクワット 30

／ゴール＼

4日目は、ヨガでいう**合蹠《がっせき》のポーズをとりいれたスクワット**をおこないます。ガニまたでしゃがむ⇔そのまま立ち上がる、という動作のくりかえしです。30 秒ずつスピードを変え、リズミカルにおこないます。

効果 下半身すべてを使いながら、全身運動ができる。

4日目のスクワット 合蹠スクワット

＼スタート／

1 基本の立ちポーズをとり、両足を腰幅に広げます。

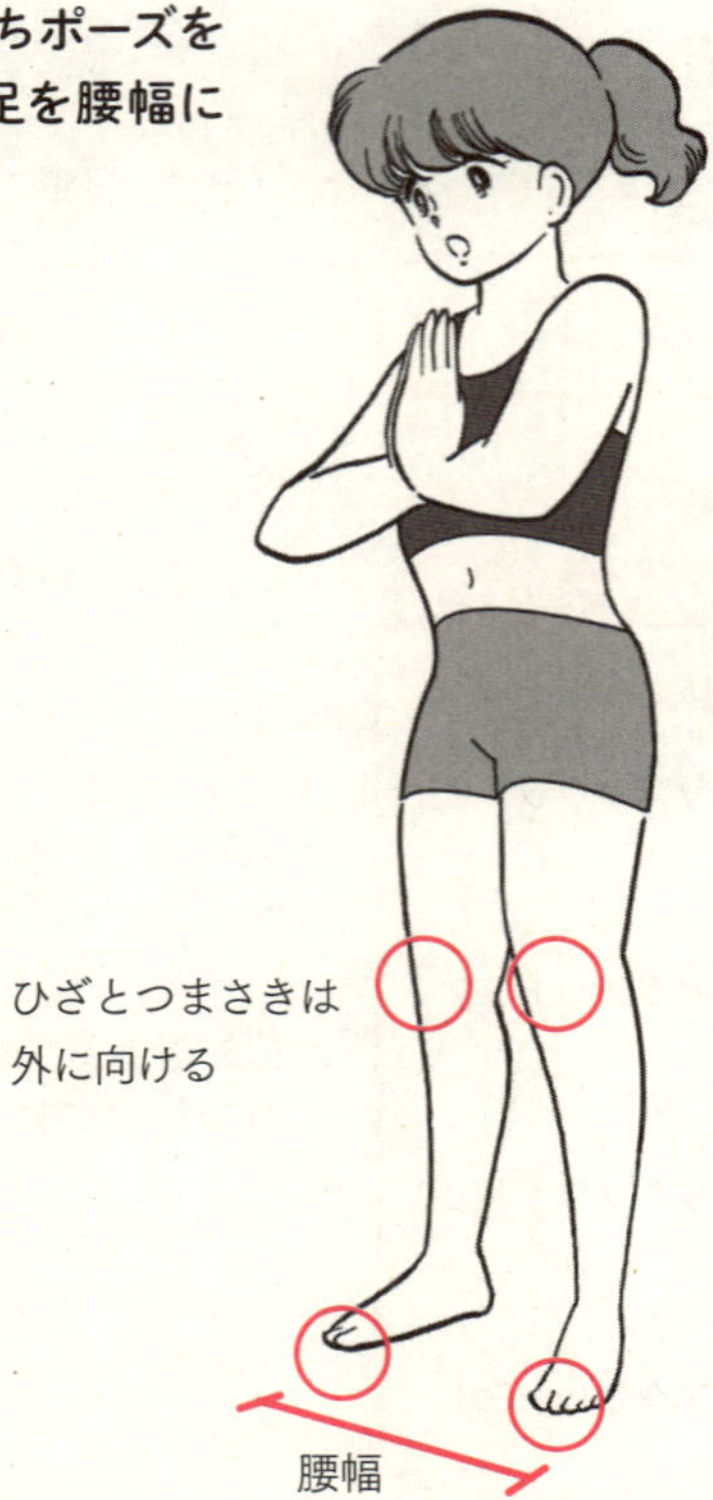

2 ゆっくりフーッと息を吐きながら、しゃがみます。ひざ内側にひじをかけ、胸の前で合掌《がっしょう》。ヨガでいう合蹠のポーズです。

体幹キープしたまま。肩はリラックス

むずかしければ、最初はつまさきを上げておこなっても OK。無理せず少しずつ練習を

3 ゆっくりスーッと息を吸いながら、立ち上がります。これをゆっくり、くりかえします。

ラテラル呼吸

ゆっくり 30秒

次は速く

4 こんどは、しゃがんだポーズのまま、声を出してカウントしながら、体幹をこまかく上下させます。

ラテラル呼吸

速く30秒

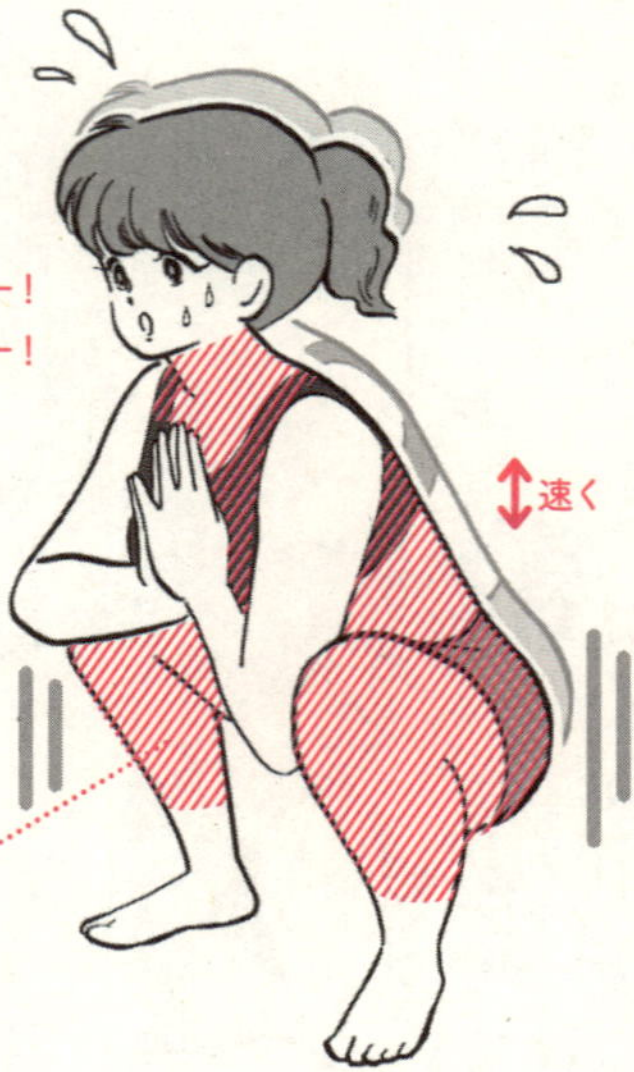

息は鼻から大きく吸って、口から「フッ、フッ、フッ、フッ」とこまかく吐く。頭は動かさない

✔ここで使うのは、関節のこまかい筋肉。下半身だけでなく体幹も呼吸筋も使うので、全身運動になる

5 再度、ゆっくり30、速く30をおこないます。

ゆっくり30秒　速く30秒

＼ゴール／しりもちは絶対NG！　30秒ねばろう！

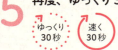

5日目のスクワット・プログラム

＼スタート／

その場ウォーク30

▼

大の字ジャンプ30

1日目と同様におこないます。

▼

5日目のスクワット

ジャンピングの合蹠スクワット

ゆっくりスクワット30

▼

速くスクワット30

▼

ゆっくりスクワット30

▼

速くスクワット30

／ゴール＼

5日目は、4日目の「**合蹠スクワット**」に**ジャンプを組み合わせた**ものをおこないます。ガニまたでしゃがむ⇔ジャンプして立ち上がる、という動作のくりかえしです。30秒ずつスピードを変え、リズミカルにおこないます。

※股関節に炎症のある方は、この動きはできませんので、代わりに2日目の「ワイドスクワット」をおこないましょう。

効果　4日目の効果＋美脚、美姿勢、むくみ解消に。

5日目のスクワット ジャンピングの合蹠スクワット

＼スタート／

1 基本の立ちポーズから、両脚を大きく広げて、がにまたでしゃがみます。

2 あごを引いて、両腕を前に出し、親指あたりを見ます。

かかと重心で体幹キープ。股関節は基本的に力をぬく

3 かかとで床をぐっと押して、ジャンプ！で立ち上がると同時に脚を閉じます。

ジャンプ！
手の位置は
動かさない
とじる
とじる

ひらく

4 またジャンプ！と同時に両脚をひらき、しゃがんで、もとの座りポーズに戻ります。これをゆっくり、くりかえします。

ラテラル呼吸

ゆっくり30秒

次は速く

5 こんどは、しゃがみポーズのまま、声を出してカウントしながら、体幹をこまかく上下させます。

ラテラル呼吸

速く 30秒

息は鼻から大きく吸って、口から「フッ、フッ、フッ、フッ」とこまかく吐く。両腕が下がらないよう親指あたりを見る

かかと重心で
体幹キープ

6 再度、ゆっくり 30、速く 30 をおこないます。

ゆっくり 30秒　速く 30秒

＼ゴール／ 呼吸は止めない！　有酸素効果を最大限に生かそう

6日目のスクワット・プログラム

＼スタート／

その場ウォーク 30

▼

大の字ジャンプ 30

1日目と同様におこないます。

▼

6日目のスクワット

サイドクロススクワット

ゆっくりスクワット 30

▼

速くスクワット 30

▼

ゆっくりスクワット 30

▼

速くスクワット 30

／ゴール＼

6日目は、「**サイドクロススクワット**」をおこないます。両脚を大きく広げて立ち、左右に踏み込む、という動作のくりかえしです。30秒ずつスピードを変え、リズミカルにおこないます。

効果 内もも、おしり、ふくらはぎ、背中が引き締まる。基礎代謝が上がる。

6日目のスクワット サイドクロススクワット

＼スタート／

1 基本の立ちポーズをとり、両足を肩幅に広げます。

2 左にぐっと体重をかけ、ひざを曲げて踏み込みます。体幹の筋肉をしっかりと使います。

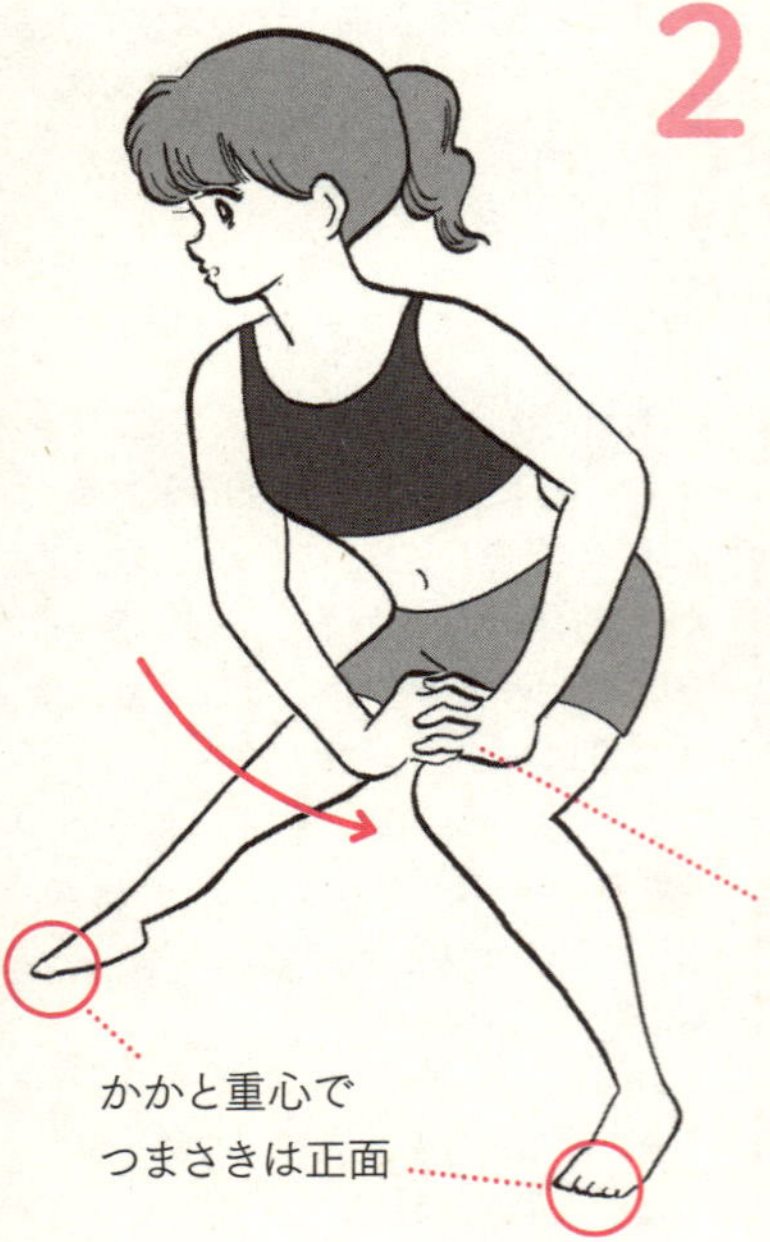

猫背や反り腰はNG。体幹がしっかり乗ったのをチェックしてから踏み込むこと

両手はひざに置く。ぐっと前を見るイメージで体幹キープしたまま、あごは軽く引いて、目線は正面

かかと重心でつまさきは正面

3 つぎは、右に踏み込みます。これをゆっくり左右交互に、くりかえします。

ラテラル呼吸

ゆっくり30秒

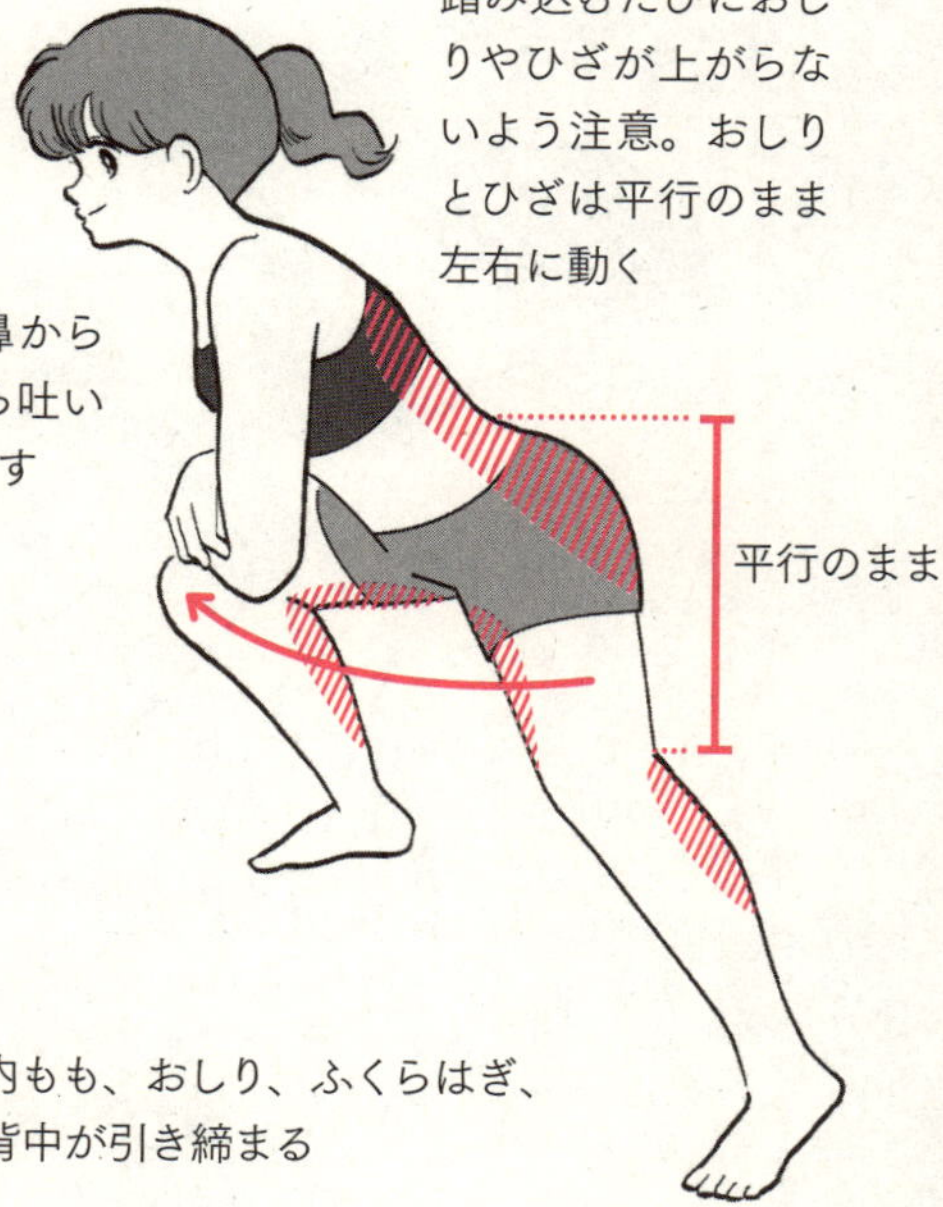

踏み込むたびにおしりやひざが上がらないよう注意。おしりとひざは平行のまま左右に動く
息はゆっくり鼻から吸って、口から吐いて、をくりかえす
平行のまま

✔ 内もも、おしり、ふくらはぎ、背中が引き締まる

次は速く

4 こんどは、スピードを上げて、上体を左右にひねります。声を出してカウントしながら、なるべく速く、なるべくリズミカルに左右移動をくりかえします。

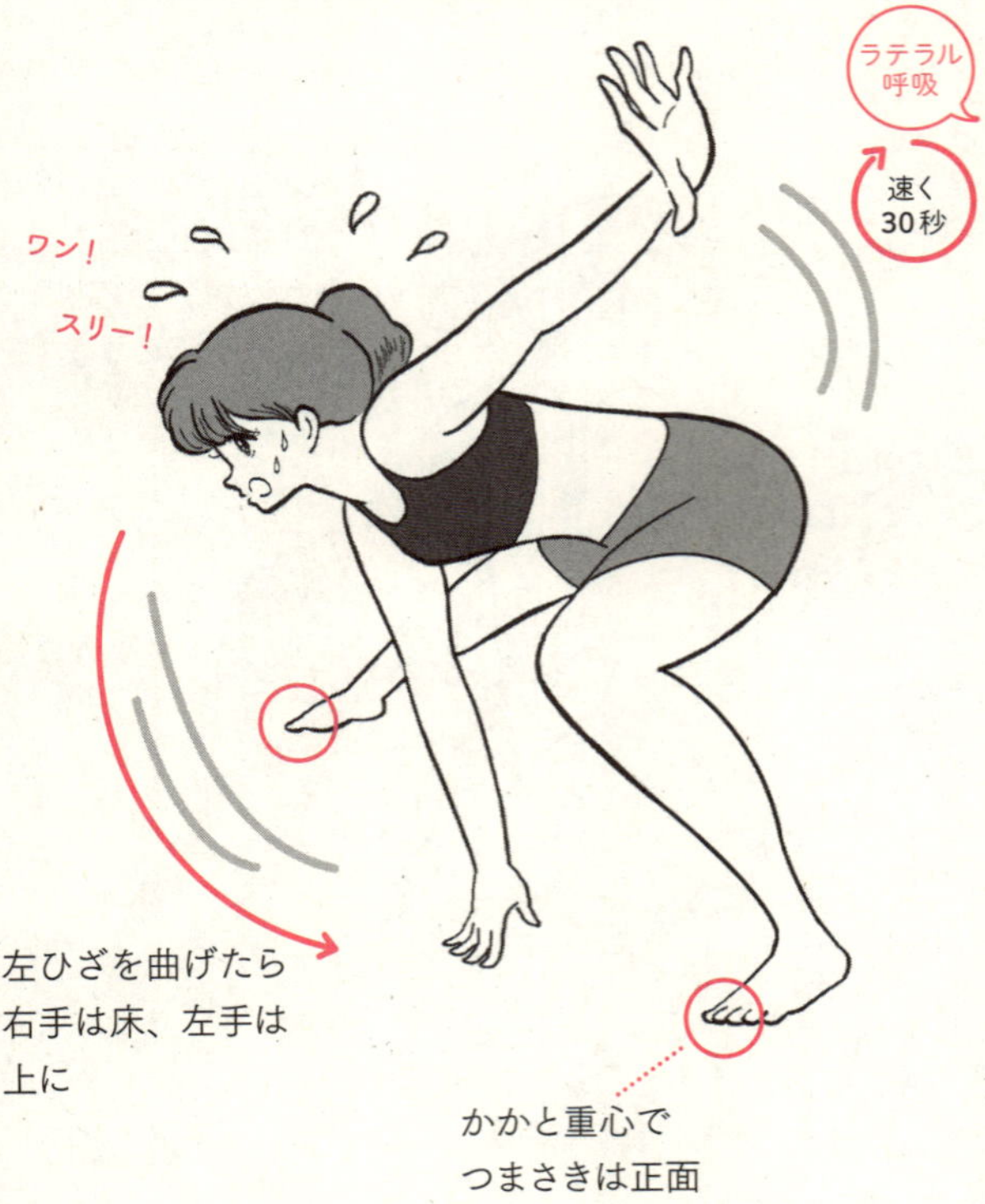
ラテラル
呼吸
速く
30秒
ワン！
スリー！
左ひざを曲げたら
右手は床、左手は
上に
かかと重心で
つまさきは正面

体幹キープしたままあごは
軽く引いて、目線は正面

右ひざを曲げたら左手は床、
右手は上に

5 再度、ゆっくり30、速く30をおこないます。

ゆっくり30秒　速く30秒

＼ゴール／体幹キープしたまま、ひねる！　効果絶大

7日目のスクワット・プログラム

＼スタート／

その場ウォーク 30

▼

大の字ジャンプ 30

1日目と同様におこないます。

▼

7日目のスクワット

ランジダウン

ゆっくりスクワット 30

▼

速くスクワット 30

▼

ゆっくりスクワット 30

▼

速くスクワット 30

／ゴール＼

7日目は、「ランジダウン」をおこないます。両脚を前後に広げてひざの屈伸をくりかえします。30秒ずつスピードを変え、リズミカルにおこないます。

効果 ふくらはぎ、太もも周りを鍛える。

7日目のスクワット ランジダウン

＼スタート／
1 **基本の立ちポーズをとり、両足を前後に広げます。**

両手は頭の後ろ。
このポーズがむずかしい方は、両手は胸の前に
骨盤は正面。
体幹を立てる
左右のつまさきがなるべく
一直線上になるように立つ

つづく

2 お腹とおしりを締めて、一度息を吸ったらゆっくりフーッと息を吐きながら、そのまま腰を落とします。

適度な負荷は与えたいので、なるべく体幹は立てる。すると太ももが張りにくい

✔ 後ろにした脚のふくらはぎ、太もも周りが鍛えられる

3 また息を吸ったら、ゆっくりフーッと息を吐きながら、もとのポーズに戻ります。これをくりかえします。

ラテラル呼吸

ゆっくり 30秒

胸は絶対開いた状態で、
息を吸って、吐いて、
をくりかえす

次は速く

4 こんどは、腰を落としたポーズのまま、スピードを上げて、体幹をこまかく上下させます。声に出してカウントしながら、なるべく速く、なるべくリズミカルに。

速く
ワン！ ツー！
スリー！ フォー！
太ももが張っても
呼吸を止めない！
体幹の重さが
このあたりに
ダイレクトに届く

5 前後の脚をかえて、同様に
ゆっくり 30、速く 30 をおこないます。 ゆっくり 30秒 速く 30秒

＼ゴール／骨盤立てて！　絶対に下は向かないで！

7日間プログラムのまとめ

いかがでしたか? 本章で紹介した7日間プログラムは、忙しい人でも習慣化できるように、シンプルな動きだけを組み合わせました。ポーズを覚えるまでは、それなりに時間がかかります。はじめのうちは誰でも「きつい」と感じるものですから、安心してください。スクワット初心者であれば、**形はくずれてもいいのでひざでリズムをとるなどして、なるべく速く動かす**ことを意識してみてください。

体幹の使い方や呼吸をマスターすれば、そのぶん効果もぐんと上がります。いったん慣れてしまうと、適度な刺激と気持ちよさを感じながら、毎日楽しくつづけていくことができます。自分のペースで、少しずつポーズを身につけていきましょう!

正しい体幹の位置が身につくと、**長時間歩いても疲れなくなったり、階段の昇り降りが楽になったり**など、日常のふとした瞬間に「あっ、負担が軽くなった」と気づきます。これ、楽しいですよ!

Column 2

短期間でスリムに！　美コア体験者の声

Aさん（左）：「ゆがみを改善して下半身すっきり」

スタートから１か月で体重－5kg、体脂肪率－5%！

週２でスタジオに通い、自宅でも１日３分自主練習。タンパク質中心の食事で、朝と運動後は美コアプロテイン、運動中はビタミンを摂取。週１は自由に食べてOKとしました。悩みだった太ももが細くなってお腹も引き締まり、ジーンズがブカブカに！

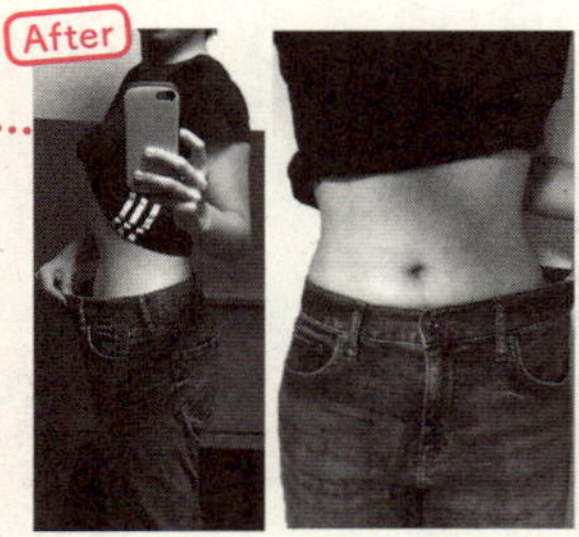

Bさん（右）：「体のラインに劇的な変化が！」

スタートから３か月で体重－7.6kg、体脂肪率－12.6%！

週２でスタジオ（行けないときはYouTubeの美コア・トレーニングを自宅で）。平日は糖質制限をして週１断食。週末は自由に食べていたので、ノーストレスでした！

3章

体温上昇＆脂肪燃焼＆筋トレ効果アップがかなう！美コア流食事法

美と健康、両方をかなえたい！理想的な食事術とは

モットーは「健康的に引き締める」

私が提唱する「美コア」が、運動とともに食事や生活習慣の改善も提案していることは、１章でお話したとおりです。

一生懸命トレーニングしても、食事や生活が乱れていたら健康的な体にはなれません。**せっかく鍛えた筋肉を維持するためにも、体脂肪を燃えやすくするためにも**、食事は大きな役割を果たします。

従来のダイエットでは、とにかく体重を落とすことを目標として、無理な節制をしたり栄養のかたよった食事をとったりして、その結果、体の不調や肌荒れなどのトラブルを招くこともありました。

美コアは、健康が第一！　食習慣や食事の内容を見直して、余分な脂肪や水分を落としつつ、適切な栄養をとって筋肉をつくり、体を整え、代謝をアップさせます。また、体を温める食材に注目して、食からも体温を上げるアプローチをします。体重とともに体脂肪率が下がり、体温が上がって免疫力や基礎代謝が上がれば、見た目も自然にスリムに変わっていきます。

食生活を変える鍵は「習慣」

とはいえ、いままでまったく食事を意識していなかった方が、いきなり全部を変えるのは、むずかしいですよね。

この章では、食事改善を8ステップに分けて紹介していきます。

まずはステップ1を1週間試して、実践できたらステップ2に進む。できなければもう1週間、同じステップにトライする。そうやって一段階ずつ食事を変えていくと、無理なく習慣化できます。

理想の体重&体脂肪はどれくらい？

食事を改善するにあたって、まずは自分の目標値を決めておきましょう。

美コアでは、**身長150〜155cm→体重46kg程度、155〜160cm→48kg程度、160〜165cm→50kg程度、165〜170cm→52kg程度**を目標としています。

そして体重よりも大切なのが、体脂肪率です。

1章でお話したとおり、**身長150〜160cmなら体脂肪率20%を切ること、160〜170cmなら18〜18・5%**が目標。一般的に女性の場合、体脂肪率30%以上を「肥満」、20〜25%を「普通」とすることが多いですが、きれいに引き締まった体を目指すなら、それよりはもう少しがんばって。ただ、脂肪を落としすぎると月経不順などの原因となるので、15%以下に落とさないようにしてください。

「現状維持」が最終目標

もうひとつ、体脂肪率を落としすぎないほうがいい理由は、リバウンドを防ぐためです。一時的にストイックにダイエットしても、気がゆるむと急激に体重が戻る。そうやって10kg以上の激やせと激太りをくりかえすと、当然、体への負担も大きく、体調をくずす人や摂食障害になる人も出てきます。

ダイエットの目標を、極端な無理をしないとたどりつけない数値にするのはやめましょう。あくまでも「現状維持できる程度の数値」を目標に設定します。時には体重が1～2kg、体脂肪率が数%オーバーすることもあるけれど、1～2週間でちゃんと戻せる。そこが目指すべき体重、体脂肪率です。

重要なのは、維持すること。 私自身もここ十年間、体重や体脂肪率の数値は大きく変わっていません。無理にやせて「スリムでかわいくなったね」と言われても、3か月後にリバウンドしたら、イメージはもとに戻るどころかマイナスになってしまいますよね。

もちろん多少のがんばりは必要ですが、現状維持できる程度、でいいんです。

STEP 1

21時以降は白い砂糖が入ったものを食べない

「絶対ダメ」だとつづかないから、21時以降だけオフ

疲れていると、つい食べたくなるのがスイーツですよね。お風呂上がりにアイスを食べるなど、甘いものをとるのが習慣化している人も多いでしょう。実際、甘みを感じると、脳から「エンドルフィン」や「セロトニン」という物質が出ますが、これらには心を落ちつかせ、リラックスさせる効果があります。ただ、**砂糖には栄養がほとんどないうえ、とりすぎると肥満の原因**になります。糖分が血液中に取り込まれると、すい臓から脂肪の分解を抑える「インスリン」が分泌されますが、糖質の多い砂糖をとりすぎるとインスリンが通常より多く分泌され、脂肪がたまりやすくなるのです。

また、たいていのスイーツは生クリームなど脂肪分が高い材料もたっぷり。体を動

かさず消費カロリーの少ない夜間に食べたら、どんどん体に脂肪がたまっていきます。しかも、精製された白い砂糖やグラニュー糖は依存性の高さが指摘されています。いつのまにか毎日甘いものを食べつづけているなら……要注意です！

どうしても口寂しいなら……炭酸水！

もし21時以降にどうしても甘いものを口にしたくなったら、**無糖の炭酸水**を飲んでください。何か味がほしければレモン汁を入れてもOKです。

甘いものを求めるのは脳の作用ですから、炭酸水で刺激を与えれば、すっと満たされます。炭酸水は胃をふくらませる効果があるので、満腹になったような錯覚も起こせます。しかも、炭酸水は腸を刺激するので、便通がよくなるといううれしい効果も。

さらに、できれば21時前も白い砂糖やグラニュー糖はやめて、**きび砂糖、てんさい糖、はちみつ、メープルシロップなど、より体にやさしい甘味料**を使うようにしましょう。小さな変化が大きな成果を生みます！

STEP 2

21時までに夜ごはん。週2日は炭水化物を抜く

夜遅ごはんが太る理由

21時以降は甘いものを食べない習慣がついたら、次にチャレンジしたいのが、夜ごはんの時間を早めること。すでにお話ししたように、夜遅くに食べると、寝るまでの時間が短いため、エネルギーをあまり消費できずに脂肪がたまりやすくなります。

また、食べ物を消化・吸収するには時間がかかります。胃のなかに食べ物がたくさん残っていると、胃が深夜まで働きつづけて興奮状態になり、睡眠の質も低下してしまいます。4章で後述しますが、睡眠不足だと食欲が増進するので、さらに太りやすくなります。理想は19時半までに食べ終わることですが、いきなりだと難しいと思うので、まずは21時までに終わらせることを心がけましょう。

といっても仕事が忙しくて毎日だと難しい、という方もいらっしゃいますよね。そういう人がルールを守ろうとすると逆にストレスになってしまうので、**週2〜3日は21時に終わらせる**、というところから始めましょう。仕事や生活を工夫して、だんだんと毎日21時に食べ終わるようになったら最高です！

夜間に炭水化物をとらない工夫を

ごはんやパスタなどの炭水化物は、大切なエネルギー源。活動量が多い日中に食べる分には問題ありませんが、体を動かさない夜間に食べると、体内で消費できずに肥満の原因となります。炭水化物は昼にしっかり食べて、夜は基本的に抜くようにします。ただ、これも毎日だとつづかないようであれば、週に2〜3回から始めましょう。最初は落ちつかないかもしれませんが、習慣になってくれれば、しめたもの！

外食の際も、炭水化物がメインではないお店を選ぶのがおすすめ。たとえば焼き鳥屋さんなら、焼き鳥だけ食べて、締めのごはんものをやめればＯＫです。

STEP 3 カリウムをとってむくみやセルライト撃退

そのむくみ、塩分が原因かも……

「ダイエットしているのに、お腹まわりがやせない」「夕方になると脚がパンパンに」……そんな人は、太っているのではなく、むくみが原因かもしれません。

むくみとは、皮膚の下に余分な水分がたまっている状態で、おもな原因が塩分過多です。塩分の多いものをとると、体がうすめようとして水分をため込んでしまうのです。むくみを放置すると、リンパの流れをさまたげ、血液の循環も悪くなります。さらに皮膚に凸凹としたセルライトが表れてしまうことも。また、塩分のとりすぎから高血圧になり、動脈硬化や心筋梗塞《しんきんこうそく》を引き起こす危険もあります。

余分な塩分を調整してくれるカリウム

日常的な対策としては、料理の際にお酢やレモン、だし、香辛料などを生かした味付けをして、塩やしょうゆなどを使うのをなるべく控えることが第一です。

厚生労働省の1日あたりの塩分摂取量の目標値は、女性だと7g未満ですが、実際は外食などすると塩分10gを超えてしまうことも多いですよね。

そこで**注目したいのがカリウム**です。カリウムは体内の余分な塩分を体の外へ出す働きのあるミネラル。さまざまな食品に含まれますが、とくに**バナナ、アボカドなどの果実類や、パセリ、ほうれん草などの野菜、納豆などの豆製品**に多く含まれます。カリウムは多く摂取しても排泄されるので、積極的にとりましょう。

たとえばパセリを手のひら1杯分、サラダなどにして毎日食べてみてください。1か月つづけると、脚に靴下の跡がつかなくなるなど、目に見えて効果が出てきます。

ただし腎臓に障害があると、不静脈になるなどの危険があります。健康診断で腎臓に問題が見つかった場合は、医師にカリウム摂取量についても相談を。

STEP 4

筋肉をつくるタンパク質を積極的にとる

タンパク質はしっかりとるのが美コア流

タンパク質は肉や魚介、卵、大豆製品などに多く含まれる栄養素で、筋肉や血液などの主成分です。タンパク質が不足すると筋肉量が減り、代謝が下がって体温が下がり、結果的に太りやすい体になってしまいます。

スクワットを始めたら、筋肉をつけるためにタンパク質を積極的にとるようにしましょう。**運動後30分以内にタンパク質をとる**と効率よく補給できます。

タンパク質を補給するには、まずは魚介や豆類からがおすすめ。なぜなら肉は胃のなかでアンモニアを発生させやすく、便秘になりやすいためです。

毎日同じ材料の料理を食べるより、今日は魚介、明日は豆類、ときどき肉、と変化をつけるとなおよいでしょう。

自分に必要なタンパク質の量を知る

とはいえ、タンパク質をとりすぎても内臓の負担になるので、適量を見極めることが大切です。厚生労働省の摂取基準では、成人女性は1日あたり約50gが推奨されていますが、美コアでは一人ひとりに合った量を見極めるために、体重と運動量から適量を計算します。次の**自分が当てはまるところの数値に、自分の体重をかけます。**

□ほとんど運動しない人…1・0
□週1~2回、運動する人…1・2
□毎日運動する人…2・0
□アスリートレベルで運動する人…3・0

例：美コア流スクワットを毎日している体重50kgの人……2・0×50＝100g。

自分に必要な1日あたりのタンパク質量がわかったら、次ページのタンパク質量の目安を参考にしてください。思っている以上に肉や魚などをたくさん食べる必要があることに驚くはずです。

例：50gのタンパク質をとるには、鶏胸肉（皮なし）なら215gを食べる計算。

プロテインを活用しよう！

1日に必要なタンパク質を食事だけでとるのが、難しいこともあるかもしれません。効率よく筋肉をつけたい方は、サプリメントのプロテインを利用するのも手です。

サプリメントを選ぶときに気をつけたいのは、食品添加物が入っていないこと。身近なドラッグストアで探そうとすると、これがなかなかむずかしいのですが、私のおすすめの「美コア食プロテイン」（通販で購入可）は、大豆を原料としていて保存料・甘味料・着色料・香料などすべて無添加です。タンパク質の栄養価を示す指標「アミノ酸スコア」が100なので効率よくとることができます。

100g の食材でとれる、タンパク質量

まぐろ赤身	26.4		
25g			
鶏胸肉（皮なし）	23.3		
鮭	22.3	豚ヒレ肉	22.2
さば水煮	20.9	豚もも肉	20.5
豚レバー	20.4	さば	20.6
20g			
ラムもも肉	20.0	あじ	19.7
めかじき	19.2	鶏もも肉（皮なし）	19.0
鶏レバー	18.9	鶏手羽元	18.2
納豆	16.5	ラムロース肉	15.6
15g			
大豆水煮	14.8	カッテージチーズ	13.3
厚揚げ	10.7		

※出典：日本食品基準成分表 2015 年版

STEP 5

食事でバランスよくビタミン補給する

いろいろな食べ物からビタミンをとる

ビタミンは体を調整する栄養素。ほかの栄養素が体内でちゃんと働くようにサポートします。タンパク質が体に吸収される際もビタミンが欠かせないので、あわせてとるようにしましょう。

タンパク質を体内でアミノ酸に分解するビタミンB群は、とくに摂取したいビタミン。さらに免疫力アップやアンチエイジングに役立つβ-カロテン、ビタミンC、Eなども美しい体になるために欠かせません。

ビタミンは体内で生成することがほとんどできないので、日常的にビタミンを含む食べ物をとる必要があります。次ページの一覧表を参考にしてください。

美容効果の高いビタミン

β-カロテン	緑黄色野菜に多く含まれる。油と一緒にとるのがおすすめ。抗酸化作用があり老化を防ぐ効果が。免疫細胞の働きも高める。 食材 ほうれん草、にんじん、かぼちゃ、ピーマンなど
ビタミンB1	豚肉や魚介類、種実類に多く含まれる。炭水化物をエネルギーに変える。体の疲労回復や神経機能の維持のために欠かせない。 食材 豚ヒレ肉や豚もも肉、うなぎ、ごまなど
ビタミンB2	レバーや豆類などに多く含まれる。炭水化物、脂質、タンパク質の代謝に必須で、特に脂質がエネルギーに変わるのをサポート。 食材 豚レバー、鶏レバー、納豆、きのこなど
ビタミンC	野菜や果物に多く含まれる。コラーゲンの生成を助け美肌をつくるほか、強い抗酸化作用も。体内で合成できないので食べ物からとる。 食材 パプリカ、ブロッコリー、レモン、キウイなど
ビタミンE	植物油や種実類に多く含まれる。抗酸化作用が強く、活性酸素を取り除く働きが。ビタミンCやカロテンと一緒にとると効果アップ。 食材 オリーブオイル、アボカド、アーモンドなど

STEP 6
たっぷりの超硬水でマグネシウム摂取

筋肉の働きを助けるマグネシウム

マグネシウムは体内に多く含まれるミネラルで、筋肉の収縮に重要な役割を担っています。さらに筋肉を動かすエネルギー源にもなり、運動をする人には欠かせない栄養素です。また、カルシウムの吸収率を上げる効果があり、カルシウムと一緒にとることで、丈夫な骨や歯をつくる働きもあります。閉経期になると骨《こつ》粗《そ》鬆《しょう》症《しょう》になりやすい女性は、とくに積極的にとりたい栄養素です。

わかめ、ひじきなどの海藻類や、ごま、アーモンドなどの種実類に多く含まれているので、海藻サラダやごま和えなどを献立に入れるとよいですね。ステップ3でおすすめしたパセリも、マグネシウムを豊富に含む食品です。

ミネラルウォーターで簡単にマグネシウム補給

また、手軽にマグネシウムをとれるのが、ミネラルウォーターです。血液の循環や代謝をうながすためにも、**水は1日1~2リットルを目安に**たっぷり飲みたいところですが、さらに水の種類にもこだわることで、体の状態が変わってきます。

水にはおもにカルシウムとマグネシウムが含まれています。ミネラルウォーターが出る土壌や環境によって成分は違っていて、水に溶けているカルシウムとマグネシウムの量を表す「硬度《こうど》」が指標になります。

硬度が低い(カルシウムやマグネシウム濃度が低い)水を軟水《なんすい》、硬度が高い(カルシウムやマグネシウム濃度が高い)水を硬水《こうすい》とよびます。**口当たりがよく飲みやすいのは軟水ですが、ミネラルを補給するなら硬水がおすすめ**です。

私はふだん、抗酸化物質を含み、アルカリ度の高い超軟水「トロロックス」を飲んでいますが、運動中や食べすぎたときは、マグネシウムやカルシウムを豊富に含み、やせ効果の高い「ベラフォンタニス」という超硬水(炭酸)に切り替えています。

STEP 7

発酵食品で腸内環境を整える

美しい体づくりに欠かせない、発酵食品と食物繊維

健康と美を保つために欠かせないのが、腸の健康です。腸には免疫細胞の7割が集中し、病原菌やウィルスから守ってくれています。かたよった食生活などで腸内環境が悪化すると、免疫力が下がって病気にかかりやすくなるうえ、便秘や肌荒れなどの原因にもなります。腸内環境の改善には、腸に常在する善玉菌を増やすことが大切です。

善玉菌を増やすために効果があるのが、発酵食品です。発酵食品には納豆や味噌《みそ》、キムチ、チーズなどがありますが、それぞれに含まれる菌は異なります。どれか1種類ではなく、いろいろな発酵食品をバランスよくとるのがベターです。

また、食物繊維も腸内環境を整える食品です。食物繊維には、水に溶けやすく腸内の有害物質を排出するのを助ける「水溶性食物繊維」と、水に溶けず腸の働きをうながす「不溶性食物繊維」があり、**水溶性1：不溶性2の割合**でとるのが理想的といわれます。水溶性食物繊維を多く含むのは、りんごなどの果物や海藻、きのこなど。不溶性食物繊維を多く含むのは、豆類や穀類、根菜などです。

タンパク質もとれるギリシャヨーグルト

発酵食品としてヨーグルトを食べている方も多いかもしれませんね。

ただ、普通のヨーグルトだと脂質や糖質もけっこう入っています。そのわりにタンパク質は少ないので、ちょっともったいない。そこで私のおすすめは、ギリシャヨーグルトです。水切り製法で水分や乳清を除いてつくるため、栄養分が凝縮。**乳酸菌がとれるうえ、高タンパク（通常の3倍！）&低脂肪（脂肪分ゼロの製品も！）という理想的な食品**なのです。おやつがわりに食べても満足感がありますよ。

STEP 8

体温を上げる食材を知っておく

体温を上げる食習慣＆食べ物とは？

1章でお話したとおり、筋肉をつけて代謝を上げることで体温が上がります。そのためには筋肉をつくるタンパク質を積極的にとることが必要です。

また、東洋医学では食べ物を、**体を温める「陽性」と冷やす「陰性」**に分類します。この陽性の食べ物を積極的にとっていくようにしましょう。逆に、体温を下げるとされる食べ物を避けることも大切です。

さらに体温は、食習慣とも深い関わりが。**体温は睡眠中に低下しますが、朝ごはんを食べると上昇**します。ダイエットのつもりで朝ごはんを抜いてしまうと、午前中に体温を十分に上げることができず、なんとなくだるく、集中力も出ない状態で1日がスタートしてしまいます。朝ごはんはしっかりとるようにしましょう！

体を温めるおすすめの食材

【肉・魚】鶏肉、ラム肉、あじ、さば、いわしなど

【野菜】ごぼう、にんじん、かぼちゃ、大根、玉ねぎ、長ねぎ、にら、青じそ、しょうが、にんにくなど

【調味料・油】味噌、ごま油、唐辛子、こしょう、からし、シナモン、山椒《さんしょう》など

【その他】納豆、くるみなど

体を冷やす食材

- 人工甘味料や食品添加物を含む食品
- 氷の入ったドリンクなど冷たい飲み物
- カフェインを多く含む食品（コーヒーは1日1杯まで）

外食やおやつとは、どうつきあえばよい？

外食だってオーダー次第で大丈夫！

仕事の付き合いで飲み会に行くこともあるし、時には友達との外食も楽しみたい！でも、ダイエット中はいろいろ気になってしまいますよね。せっかくの外食の機会を気兼ねなく楽しむために、上手な注文の仕方を覚えておきましょう。

外食の問題点は、糖質や脂質、カロリーがオーバーしやすいこと、冷たいものは体を冷やすこと。注文の際に**「ごはんは半分で」「肉・野菜多めで」「氷なしで」**とオーダーする習慣をつけましょう。たとえばお寿司屋さんで「ネタをたくさん食べたいのでシャリ少なめでお願いします」とあらかじめ伝える。それならお店も歓迎ですよね。

メニュー選びでは、高カロリー・高糖質のソースやドレッシングは避け、シンプルな味付けのものを。お店を選べるなら和食系にして、ヘルシーな料理を頼みましょう。外食でも、食べなくてもいいと思うものは極力削る。その努力で体は変わっていきますし、「太るかも」とおびえながら食べるよりもおいしいはずです。

おやつがやめられない人は……

本来、きちんと3食をとっていれば自然に間食をしなくてもすむはずですが、無性におやつを食べたくなることってありますよね。仕事などで頭を使うと糖質をとりたくなるもの。週1回はごほうびで好きなものを食べてもOKとして（ただし毎日はNG！）、運動を多めにするなどのフォローをしましょう。

どうしてもやめられない方は、良質なおやつを少量だけとるようにします。おすすめは生のりんごと、はちみつ100％の飴《あめ》。たくさん食べては意味がないので、1日あたりりんごは4分の1個、飴は3つまで。一気に食べるとまたすぐに欲しくなるので、りんごは細かくカットして少しずつ食べる。飴も噛《か》まずにゆっくり味わいます。

食べすぎたら、5日かけてリセットする

体重オーバーのピンチ…でも慌てないでOK！

メニューに気を配っても、外食が重なってどうしても体重が増えてしまうことってありますよね。そこで気持ちが切れてリバウンドしたら、これまでの努力も水の泡。そんなことにならないよう、**5日間で数kg程度の体重オーバーをリセットする方法**を知っておきましょう。しっかりもとの体重に戻せれば、罪悪感なく外食を楽しめます。

むくみとり→断食→トレーニングで体重を落とす5日間プログラム

【1～3日目】 **ステップ2「21時までに夜ごはんをすませる」を徹底したうえでス**

テップ3「カリウムをとる」を強化します。

塩分をとりすぎて血液中のナトリウム濃度が上昇すると、濃度を下げるために水を飲みすぎてむくんでしまうのです。対策として、毎食片手いっぱいのパセリを食べましょう。さらにお風呂ではセルフマッサージ（4章参照）で塩分や水分を流します。

【4日目】仕事や運動をほとんどしない日という条件で、断食をおこないます。

私は**常温の水（または白湯）1リットルに植物性プロテインを2杯入れてシェイクした特製ドリンクのみ**で1日過ごすようにしています。

体は、食べ物が入ってこないと体内に蓄積された脂質や糖質を使ってエネルギーをつくろうとするので、結果、余分な脂質や糖質が燃焼し、基礎代謝が上がるのです。

【5日目】**回復食として、腸にいい発酵食品やヨーグルト**をメインに食べます。ただし脂質、糖質、炭水化物はほぼ食べないようにします。さらに2章のスクワットを全種類おこなって、汗をしっかりかきます。

この5日間プログラムで体重は戻るはずですが、基礎代謝が低い人はもう少し日数がかかる場合も。効果がなければ、プログラムをもう1~2回くりかえしましょう。

朝、昼、夜のごはんはいつ食べる?

理想的な1日のスケジュールとは

食べものや量ばかりが注目されがちですが、**いつ、どんなタイミングで食べるか**も同じくらい大切です。人には生まれながらに体内時計が備わっていて、睡眠や体温、血圧やホルモン分泌などさまざまなリズムを調節しています。でも、深夜に活動すると、リズムがくずれて不調を引き起こすことに。食事や運動の時間を体のリズムに合わせること、それを規則正しくつづけることは、ダイエットの観点からも重要です。

朝はウォーミングアップの時間。早めに起きて準備しましょう。運動におすすめなのも朝です。といっても起きてすぐだと体が目覚めていないので、起床1時間後にスクワットを。その後に朝ごはんでタンパク質を補給するとベストです。

昼は活動する時間。立つ、座る、動く、いずれも体幹を意識して行動します。できればラテラル呼吸で過ごすとさらに効果アップ。歩くときは大股で。昼ごはんに制限はありませんが、タンパク質をはじめ栄養バランスのとれたごはんを食べましょう。

夜はあまり動くとアドレナリンが出て安眠をさまたげるので、激しい運動は避けて。夜ごはんも21時までに済ませます。昼に食べすぎたら夜は量を控えるなど、1日のなかでの食のバランスも意識してみるといいですね。

心拍数をチェックしてみよう

自分の状態を知る方法のひとつが、心拍数です。安静時に、中指、人さし指、薬指を手首内側の動脈にあてて脈拍を数えます。**「6秒間の脈拍×10」がベースとなる心拍数**です。最近は心拍数を計測できる腕時計もあるのでそれを利用しても。活動中や興奮時は心拍数が上がり、睡眠中はぐっと下がります。夜遅くに心拍数が上がったら活動のペースを落とすなど、目安にするといいですよ。

15:00 コーヒーブレイク

おやつにハイカカオチョコレートをひとかけ。カカオ70%以上のチョコレートは苦めですが、抗酸化物質のポリフェノールが豊富です。カフェインのとりすぎは体を冷やすので、コーヒーは1日1杯まで。

17:00 退勤

1駅分歩いてウォーキングするなど、かんたんな運動を。

18:00 帰宅・料理

19:00 夜ごはん

献立例▶キムチ鍋と野菜のナムル。キムチは胃腸を整える発酵食品。ナムルで野菜を補います。夜はなるべく野菜や海藻、こんにゃくなど食物繊維豊富な食材を使った副菜をとりましょう。ただし、じゃがいもなどの根菜類は糖質も多いので、夜は避けます。

20:00 自由時間、入浴

＼おやすみ／

23:00 就寝

肉や魚は食べてから吸収されるまで3～4時間かかります。夜ごはんは最低でも就寝の3時間前にすませましょう。

1日のタイムスケジュール例

＼おはよう／

06:00 **起床、シャワー、ストレッチ**

07:00 **美コア流スクワット**

スクワットは朝おこなうと体が活性化します。

07:10 **朝ごはん、身支度する**

献立例▶押し麦入り豆乳スープ、バナナとナッツを入れたギリシャヨーグルト。豆乳に多く含まれる大豆イソフラボンとナッツに豊富なビタミンEは女性ホルモンのバランスを整えます。バナナに含まれるトリプトファンは、日中は心を安定させるセロトニンに、夜になると安眠効果のあるメラトニンに変化します。

08:00 **出勤**

09:00 **仕事開始**

12:00 **昼ごはん**

献立例▶マグロの刺し身定食。野菜の副菜がついている定食を選んで。夜に外食の予定がある日はごはんを少なめに。

3か月に1回、血液検査のすすめ

見た目は細くても「隠れ肥満」かも…!?

「私、甘いものを食べても全然太らないのよね」という方がたまにいらっしゃいます。一見うらやましく思えますが、実は要注意かもしれません。体重は正常範囲内で見た目も細いのに、**体脂肪率が高い「隠れ肥満タイプ」**という場合もあるのです。

太って見えないのに体脂肪率が高い人は、内臓に脂肪がたまっていることが多く、よく見るとお腹まわりだけぽっこり出ていたりお腹の脂肪が固かったりします。また体型の問題だけでなく、内臓に脂肪がたまると脂質代謝異常症や動脈硬化を発症しやすくなるなど、健康上のリスクも高くなります。

しかも、このように深刻な問題を抱えているにもかかわらず、太って見えないというだけで本人が油断しているケースも多いのです。外見が太めの人のほうが、自覚しているぶん減量へのモチベーションが高く、周囲からも気をつけてもらえるので、むしろ着実にやせたりします。

血液で真の肥満度がチェックできる

自分の肥満度チェックに有効なのが、**血液検査**です。おもに次の数値を検査して、異常がないか調べます。それぞれの数値には基準範囲があり、それを超えると「要注意」または「異常」と診断され、早めの治療や生活改善が必要となります。

HDLコレステロール

「善玉コレステロール」とよばれ、血液中の悪玉コレステロールを回収します。この数値が低いと脂質代謝異常症や動脈硬化が疑われます。

LDLコレステロール

「悪玉コレステロール」とよばれます。多すぎると血管の壁にたまって動脈硬化を進行させ、心筋梗塞《しんきんこうそく》や脳梗塞のリスクが高まります。

中性脂肪

体内で最も多い脂肪で、糖質が変化したもの。数値が高いと動脈硬化を進行させます。逆にこの数値が低いと、甲状腺《こうじょうせん》機能亢進《こうしん》症や低栄養などが疑われます。

血液検査というと体調をくずしたときや健康診断でおこなうイメージがありますが、最近は薬局でも簡単にできるのをご存知でしょうか？　**数千円ほどの手頃な値段で、痛みも少なく、短時間で検査できる**ので、お近くの薬局で可能か調べてみてください。ただ外見がやせていても、内臓がボロボロでは意味がありません。美コアは体のなかからきれいになることを目指しています。

自覚を高めるためにも、**3か月に1回は血液をチェック**してみましょう。

4章

毎日のちょっとした習慣で、あなたはもっと美しくなる

深呼吸で体をコンディショニング

呼吸を意識するだけでも体は変わる

2章で腹式呼吸とラテラル呼吸についてお話しました。体幹を意識しながら呼吸することで、筋肉と骨格の調整ができ、トレーニング効果がアップします。

さらに**この呼吸を、トレーニング以外の時間でも意識**してみましょう。

呼吸は、日常生活と深い関わりがあります。ストレスや緊張を感じる場面が多かったり猫背などで姿勢がよくない状態がつづいたりすると、呼吸が浅くなり、筋肉を十分に動かすことができません。そうなると背中や胸、お腹など呼吸に関わる筋肉が衰えてしまいます。

また、呼吸が浅いということは、体内に取り込む酸素量も減るということ。酸欠により肩や首がこったり、疲れやすくなったり、集中力が低下したりと、さまざまな不調が起きてしまうのです。**1日の呼吸回数は、2万回とも3万回**ともいわれています。深い呼吸を意識すればするほど、体が引き締まり、調子も整っていきます。

深呼吸のススメ

とはいえ呼吸はふだん、無意識にするもの。毎秒毎秒、気にしてなんかいられない、というのも現実ですよね。まずは、2章を参照して体幹をキープすることから始めてください。体幹を意識して姿勢をよくするだけで、自然に呼吸もしやすくなります。

姿勢が整ったら、仕事でひと息つくときやエレベーターに乗るときなど、**ちょっとした合間に深呼吸する習慣**を身につけましょう。このとき、**あばら骨を動かすことを意識**すると、固まっていた筋肉がほぐれ、呼吸も自然に深くできるようになります。

さらに、深い呼吸には自律神経を整える効果もあるので、緊張をゆるめ、気分転換にもなります。

座ったまま、立ったままおこなう体幹トレーニング

座り方が悪いと、すべてが台無しに…！

美コアは、体幹トレーニングをベースとしています。２章のスクワット・プログラムでも体幹を鍛える動きを取り入れました。

でも、運動時だけ体幹を意識しても、日常生活で気がゆるんでいたら、意味がない！　たとえばイスに腰掛けたとき、背中を丸めてあごを前に突き出している人がとても多いのです。この姿勢では、体幹の位置がずれてお腹がゆるみ、首や肩、腰に大きな負担がかかってしまいます。

正しいイスの座り方は、まず**骨盤を立てる意識で真上に背すじを伸ばし、おしりの後ろに体重を乗せます。**このとき背中を反らさないように注意を。また、両ひざの間

は閉じます。慣れるまで、ひざに紙を挟むといいですよ。

ヒップアップのチャンスは日常のあちこちに

電車で目の前の席があいたら、迷わず座っていませんか？　今日からは立つことにしましょう。電車が混んでいることは、逆にチャンスなのです。しっかり体幹を意識して立つことで、立派なトレーニングになるのですから。

まず、**骨盤を立てて基本の立ちポーズをとります。かかと重心で、つまさきをしっかり閉じてください。ひざは外側にぐっと回すよう意識します。**そうすると太ももとおしりが引き締まるのがわかるはずです。この状態をキープして立っていれば、下半身とおしりの筋肉を強化でき、ヒップアップがかないます。

横断歩道で信号待ちをする間、会社でコピーをとる間など、いろいろなタイミングでこのトレーニングをやってみてください。忙しい毎日だからこそ、鍛えるチャンスは逃さないで！

やせる歩き方は「姿勢よく」「大股で」「早歩き」

大股で、縦に脚を動かして歩くのがポイント

「座る」「立つ」の次は、「歩く」姿勢を変えていきましょう。

ここでも意識するのは、骨盤です。

まず、かかと重心で立ちます。その姿勢をキープしたまま歩きだします。

大股で歩くことも大切です。細かい歩幅でちょこちょこ歩いていたら、骨盤は動かないどころか、腰痛を起こす原因に。

また、左右におしりが揺れるような歩き方もNG。歩幅を大きくとること、まっすぐ歩くことが大切です。**前に出た脚を縦に上げて縦に下ろす、後ろ脚も外側にけり上げたりせず、親指の拇指球《ぼしきゅう》（親指の付け根付近のふくらんだ部分）でまっすぐ踏むこ**

とを意識する。そのくりかえしで歩を進めます。

慣れないうちは難しいかもしれませんが、毎日スクワットをおこなって、座ったり立ったりするときにも姿勢を意識していれば、骨盤が固定されてきます。そうなると自然に、歩くときも正しく骨盤を使えるようになるはずです。

ウォーキングで筋トレと有酸素運動を

骨盤を動かして歩いていれば、ふくらはぎ、太もも、おしり、お腹の筋肉をしっかり使えるので、下半身の筋力強化につながります。そうなると代謝がアップしてやせやすくなるうえ、成長ホルモンが分泌され、脂肪の分解をうながす作用も。

ただし、のんびり歩いているとあまりダイエット効果はありません。早足で歩くことで、体が酸素を取り込み、脂肪を燃焼してくれるのです。

ぜえぜえと息切れするほどの速度だと脂肪でなく糖質が燃焼されてしまうので、**ちょっときついくらいの速度で長く歩くほうが脂肪を落とす効果が高い**です。

1日1万歩にチャレンジ！

歩いた距離や歩数が目に見えるほうがモチベーションも上がるので、ぜひ測ってみてください。最近は腕時計型の万歩計がありますし、スマートフォンのアプリでも歩数を計測できます。

目標歩数は、1日1万歩。**うち30分くらいは早歩きを心がける**と効果が上がります。

わざわざウォーキングの時間をとって……と考えるとハードルが上がってしまうもの。日常のなかで歩く機会を増やすほうが長つづきします。エレベーターを使用せずに歩くとか通勤時にひと駅ぶん歩くなど、機会を見つけて歩くようにしましょう。

なお、疲れているのに無理に歩きつづけたり、片方の肩に重い荷物を持って歩いたり、ヒールの高い靴で歩いたりすると、姿勢がくずれて足腰を痛めることもあります。疲れたら休んでも大丈夫。少しずつ正しい姿勢で歩ける距離を伸ばしていきましょう。

荷物は左右の肩で交互に持つ、またはリュックを使う、ウォーキング時はかかとの低い靴やスニーカーに履きかえるなどの工夫も大切です。

お風呂のついでにリンパマッサージを

老廃物や水分を排出するリンパ

体内には、血管のほかに「リンパ管」という管が全身の皮膚の下に張りめぐらされています。そこに流れている液体がリンパ液。不要な脂肪やタンパク質などの老廃物、余分な水分を回収する働きがあります。また、リンパ管にはところどころに「リンパ節」という器官があり、細菌などの有害物質を濾過《ろか》する下水処理場のような役割を果たします。

リンパは流れがゆるやかで、呼吸や筋肉の動きによって流れていきます。でも、同じ姿勢がつづいたり運動不足だったりすると、流れが滞ってむくみがちになります。

夕方になると脚がむくむのは、重力で脚のほうに水分が降りてきてしまうからなのです。むくみを放置すると、セルライトや冷え、肩こり、免疫力の低下、低体温なども引き起こしてしまいます。そこで有効なのが、リンパ管を刺激するマッサージです。

リンパは、肌をなでるだけでOK!

マッサージというと、力を入れてもみほぐすイメージがありますが、リンパは皮膚のすぐ下を通っているので、**手を当ててゆっくりなでる程度で大丈夫**。私は入浴時にボディタオルは使わず、手にソープをつけて洗うのですが、そのときにリンパマッサージを兼ねて肌をなでるようにしています。毎日たまった老廃物や水分を流せば、むくみやセルライトの予防になります。

リンパ節が圧迫されていると流れが滞るので、まずはそこをほぐしましょう。**リンパ節のあるわきの下、足の付け根の鼠径部《そけいぶ》、ひざ裏を、少し長めに手でさすります。**次に手首からわきへ、わきの下から鼠径部へ、足首から鼠径部へと、リンパの流れに沿って手で流していきます。

ヒートショックプロテイン（HSP）入浴法で元気になる！

傷ついた細胞を治してくれるHSP細胞

みなさん、毎日お風呂に入っていますか？「当たり前！」という方でも、実際はシャワーを浴びているだけ、ということも多いのです。しっかりと温まるためには、湯船にお湯をためて入ることが欠かせません。

お風呂の温め作用を利用して元気になるのがヒートショックプロテイン（HSP）入浴法です。**HSPとは、傷《いた》んだ細胞を修復するタンパク質のこと。**私たちの細胞はほとんどがタンパク質でできていますが、病原菌や紫外線などで日々ダメージを受けています。傷《きず》ついた細胞を治し、免疫細胞の働きを助けてくれるのが、HSPなのです。HSPは熱を与えると増加するので、毎日の入浴は絶好の機会になります。

週2で始める、HSP細胞を増やすお風呂術

まず、湯船にお湯を張るとき、**温度は40～42℃に設定**します。バスタオルと着替え、体温計を近くに用意。床や壁にシャワーをかけるなどして浴室を暖かくします。お湯が熱いのでいきなり入らず、手や足にかけ湯をして、ゆっくりと湯船につかります。**入浴時間の目安は、40℃なら20分、41℃なら15分、42℃なら10分。**お湯につかったまま舌下（舌の裏側の付け根）で体温を計って38℃まで上がるのが望ましいです。

熱いお湯につかるのが苦手な方は、**最初は38℃に設定してお湯に入り、追い焚《だ》き機能を使って43度に上げ、そのまま10分間入浴する**という方法もあります。

HSPを増やすためには体温を高いまま保つことが大切なので、お風呂から出たらすぐに体をふいて着替えます。冬は暖かい部屋で、夏はクーラーをつけずに10～15分過ごすこと、常温または温かい飲み物で水分補給することもポイントです。

HSPは入浴後1～3日程度まで増えるので、週2回くらいでも大丈夫ですが、低体温の方は、1週間ほど毎日つづけるのもおすすめです。

体温チェックを習慣に

体温から体のリズムが読み取れる

この本を通して、体温を上げる方法を提案してきましたが、自分の体温ってきちんと把握していますか？「熱を測るのは風邪を引いたときくらい」という方も多いかもしれませんが、体温は体調を知るバロメーター。とくに女性は毎日、継続的に測ることで、月経周期など体のリズムも知ることができます。

1日のなかでも体温は変化するもの。早朝が最も低く、夕方が最も上がります。さらに環境によっても体温は変わります。本当に正確に平熱を知りたいなら、起床時、午前、午後、夜と、時間帯を変えて継続的に測る必要がありますが、体調管理が目的なら、**毎日だいたい同じ時間、同じ場所で測れば十分**です。

体温が下がっているなと思ったら、運動する、前項のHSP入浴法を実践する、体温を上げる食べ物（P110）を積極的にとるなどの対策をとりましょう。

月経周期を知りたいなら、基礎体温をつけるのがおすすめ。基礎体温とは、寝ているときの体温のこと。ただ、睡眠中は測れないので、**朝、目が覚めたらそのまま動かずに検温**します。基礎体温は活動などによる影響を受けないので、体のリズムやバランスを判定しやすいというメリットが。基礎体温をグラフ化したり月経日などを予測してくれたりするアプリもあるので、体調管理に役立てるのもいいですね。

体温を測る場所はどこがいい？

一般的にはわきの下で測ることが多いようですが、体温計を正しく当てて測らないと精度が下がるというデメリットも。じつは一番正確に測れるのは、「直腸温」で、病院では直腸や肛門で検温することもあります。ただ、衛生面を考えると、家では舌下に当てて測るのがおすすめです。

質のよい睡眠がとれれば、エステはいらない

睡眠不足だと太りやすくなる⁉

睡眠中は体にとって貴重な修復タイム。この時間を有効に使うことで、まさに寝ているだけできれいになることができます。

まずはしっかりと睡眠時間を確保するようにしましょう。個人差もありますが、**しっかり疲れをとるなら7時間**は確保したいところです。睡眠が足りないと、血行不良になりホルモン分泌も低下するため、低体温や肌荒れなどのトラブルにもつながります。また、睡眠不足だと、食欲を抑えるホルモン「レプチン」の分泌が低下します。

一方、食欲を増進するホルモン「グレリン」は増加するので、ダブルの効果で太りやすくなってしまうのです。

睡眠の質も重要なポイント

さらに、睡眠の質を高めることも大切になります。睡眠には、体は休んでいるけれど脳が活発に動いている浅い眠りの「レム睡眠」と、体も脳も休んでいる深い眠りの「ノンレム睡眠」があります。このノンレム睡眠のときに疲れをとり、細胞を修復し、老化を防ぐ成長ホルモンが分泌されます。ところが睡眠の質がよくないと、成長ホルモンが十分に分泌されないまま体が目覚め始めてしまうのです。

睡眠の質を上げるためには、生活のリズムを整えることが第一！

◎朝、同じ時間に起きて太陽光を浴びる
◎胃腸が働いていると眠りが浅くなるので、食事は就寝の3時間以上前に済ませる
◎体温が下がると自然な眠りにつけるので、就寝の1時間前に入浴する
◎脳を休めるためにスマホはベッドに持ち込まない

……など、日常生活のなかで、睡眠の質を高める工夫をしましょう。

夜ふかしをやめて快眠体質になる

「ちょっと1杯」が睡眠の質を下げてしまう

疲れているのに寝付きが悪く、お酒の力を借りて1日をリセットする習慣のある方も多いようです。たしかにお酒を飲むと眠くなるので、寝付きがよくなるように感じますが、実際は交感神経が活性化して眠りが浅くなり、睡眠途中で目が覚めたり、朝早く目が覚めたりしやすくなるなど、睡眠の質は下がります。

そうなると代謝が悪くなるうえ、体がしっかりと休まらないので朝起きても疲れが残っているなど、いいことなし。また、酒量が多いと、アルコールによる利尿作用や寝汗の増加で血液が固まりやすくなります。

私も会食のときなどにはお酒を飲みますが、「21時まで」と時間を決め、そのあともせめて2〜3時間は空けてから寝るようにしています。

夜、家でダラダラお酒を飲みながら夜ふかししていると、アルコールが抜けないまま寝ることになりますよね。もしそれが習慣化していたら、かなり危険です。

運動すると、寝つきもみるみる改善!

その晩酌、本当に毎日必要なのか、一度考えてみてはいかがでしょう。仕事で頭が疲れて気分転換をしたい、という気持ちもわかりますが、そういうときこそ、じつは筋肉を動かして体を疲れさせるほうが、回復の近道なのです。

運動した後は自然にアルコールを控えようという意識が働きますし、何よりしっかり体を動かせば、お酒なんて飲む気力もなくバタンキューと寝付けますよ。

まずは週1回でも「運動してアルコールを飲まない日をつくる!」とここで誓ってください。ジムに行ったり、ウォーキングしたりして、夜はぐっすり眠るというリズムをつくること。生活も体も、あなたの意志ひとつで変わります!

おわりに――いつまでもイキイキきれいに輝いて

この文庫を手に取り、最後まで読んでいただき、ありがとうございました。

私が「美コア」のもとになる考えを生み出したのは、約10年前のこと。「食・運動・生活習慣のバランスを改善して、体温を上げて、健康的にきれいになろう」という考え方ですが、当時は「予防医学」という価値観がまだ浸透していなかったので、周りに話してもなかなか伝わらず、苦戦しました。

その一方、世のなかでは「健康寿命」という言葉が注目を集めるようになり、私は「人を健康にする方法をとにかく伝えて実際に効果を出していけば、いつかはきっと伝わる」と信じて活動をつづけました。

福岡からバッグ片手に上京し、マンガ喫茶を転々とした時期もありました。

でも、美コアのメソッドを実践しつづけて効果が出た方々も増えて、だんだん「美コアはすごい」と口コミで広がり、今では東京都内だけで月に1万3000人以上が受講、YouTubeチャンネルは13万人以上の方々が登録してくださっています。

また、「健康的にやせる」という魅力から、さまざまなダイエット番組に呼んでいただいたり、書籍出版のお話をいただいたりするようにもなりました。

美コアは誰もが悩む部位や全身ラインを整えながら、キュッと引き締まる筋肉をつけることができます。さらに、内臓機能を向上させ、心も体の内側も外側も、きれいにできるんです。美コアボディは健康的な体脂肪率と体重をどれだけ長い間キープできるかも大事。ぜひ、この文庫をきっかけに、さらにキュッと引き締め&健康ボディをつくって、いつまでもイキイキきれいに輝きつづけてください。

健康寿命をのばし、いつまでも〝楽しい〟&〝きれい〟を提供するプログラムを継続できるよう、私も引き続き精進してまいります。

最後まで読んでいただき、ありがとうございました。

「絶対に変われる」と信じて前進していこう！

2019年3月

山口絵里加

青春文庫

1日《にち》3分《ぷん》！
スクワットだけで美《うつく》しくやせる

2019年4月20日　第1刷

著　者　山《やま》口《ぐち》絵《え》里《り》加《か》

発行者　小澤源太郎

責任編集　株式会社プライム涌光

発行所　株式会社青春出版社

〒162-0056　東京都新宿区若松町 12-1
電話 03-3203-2850（編集部）
03-3207-1916（営業部）
振替番号　00190-7-98602

印刷／大日本印刷
製本／ナショナル製本
ISBN 978-4-413-09720-8

ほんとうのあなたに出逢う ◆ 青春文庫

日本人が知らない歴史の顚末！

「滅亡」の内幕

隆盛を極めたあの一族、あの帝国、あの文明はなぜ滅びたのか——
〝その後〟をめぐるドラマの真相を追う！

歴史の謎研究会［編］

(SE-716)

アドラー心理学で

子どもの「がまんできる心」を引きだす本

「なんでも欲しがる子」「キレやすい子」の心に届く言葉がある！　アドラー心理学を取り入れた上手な子育て法

星　一郎

(SE-717)

ちょっとした心のクセで損しないために

つい「気にしすぎる自分」から抜け出す本

いい人すぎるのも優しすぎるのも、あなたが悪いわけじゃない。ストレスなく心おだやかに生きるための心のヒントをあなたへ——。

原　裕輝

(SE-718)

相手の「こころ」はここまで見抜ける！

1秒で盗む心理術

面白いほど簡単！　ヤバいほどの効果！
「おうむ返し法」「空ボメ法」「沈黙法」…他人には教えられない禁断の裏ワザを大公開！

おもしろ心理学会［編］

(SE-719)